トクとトクイになる！小学ハイレベルワーク
5年 社会 もくじ

JN096311

【写真提供】朝日新聞社, 有珠山火山防災協議会, 北九州市,
Cynet Photo, 農林水産省, PIXTA

※本書に掲載の地図は, 紙面の都合により一部の離島等を省略
　している場合があります。

✦特別ふろく✦

1 📖巻末ふろく　しあげのテスト

2 💻WEBふろく　自動採点CBT

WEB CBT(Computer Based Testing)の利用方法
コンピュータを使用したテストです。パソコンで下記 WEB サイトへア
クセスして, アクセスコードを入力してください。スマートフォンでの
ご利用はできません。

アクセスコード／ **Esbbbb33**

https://b-cbt.bunri.jp

この本の特長と使い方

この本の構成

標準レベル ✛

知識を確認し，実力をつけるためのステージです。
標準レベルの問題をまとめた構成になっています。資料や図を参考にしながら問題に取り組んでみましょう。
「ノートにまとめる」では，覚えておきたい大切なポイントをまとめています。

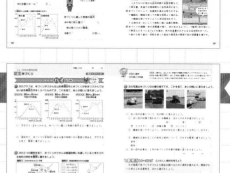

ハイレベル ✛✛

少し難度の高い問題で，応用力を養うためのステージです。
地図やグラフ，文章資料など，複数の資料をもとに考えてみましょう。文章で答える記述問題，図をかく問題など，多彩でハイレベルな問題で構成しています。思考力トレーニングは，知識だけでは解けない，考える問題を掲載しています。

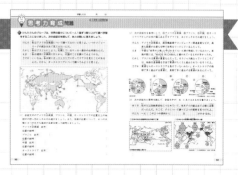

思考力育成問題

知識そのものだけで答えるのではなく，知識をどのように活用すればよいのかを考えるためのステージです。
資料を見て考えたり，判断したりする問題で構成しています。
知識の活用方法を積極的に試行錯誤することで，教科書だけでは身につかない力を養うことができます。

特集 社会の博士

その章に関係のある内容を楽しくまとめた特集ページです。
より理解が深まり，社会の内容がもっと好きになるようなことがらをとりあげています。
気になったことは，本やインターネットなどで調べて，さらに学びを深めていくと良いでしょう。

とりはずし式 答えと考え方

ていねいな解説で，解き方や考え方をしっかりと理解することができます。
まちがえた問題は，時間をおいてから，もう一度チャレンジしてみましょう。

『トクとトクイになる！小学ハイレベルワーク』は，教科書レベルの問題ではもの足りない，難しい問題にチャレンジしたいという方を対象としたシリーズです。段階別の構成で，無理なく力をのばすことができます。問題にじっくりと取り組む経験によって，知識や問題に取り組む力だけでなく，「考える力」「判断する力」「表現する力」の基礎も身につき，今後の学習をスムーズにします。

おもなコーナー

学習内容に関連した豆知識をクイズ形式で紹介しています。答えたクイズはいろいろな人に紹介してみましょう。

ノートにまとめる

単元で学習する内容を，ノートの形式にまとめています。くり返し読んで，ポイントを確認しましょう。

思考力トレーニング

思考力・判断力・表現力を養う問題を取り上げています。図や資料を見ながら，答えをみちびきましょう。難しい問題には、ヒントもついています。

役立つふろくで，レベルアップ！

❶ トクとトクイに！ しあげのテスト

この本で学習した内容が確認できる，まとめのテストです。学習内容がどれくらい身についたか，力を試してみましょう。

❷ 一歩先のテストに挑戦！ 自動採点 CBT

コンピュータを使用したテストを体験することができます。専用サイトにアクセスして，テスト問題を解くと，自動採点によって得意なところ（分野）と苦手なところ（分野）がわかる成績表が出ます。

「CBT」とは？

「Computer Based Testing」の略称で，コンピュータを使用した試験方式のことです。受験，採点，結果のすべてがWEB上で行われます。
専用サイトにログイン後，もくじに記載されているアクセスコードを入力してください。

https://b-cbt.bunri.jp

※本サービスは無料ですが，別途各通信会社からの通信料がかかります。
※推奨動作環境：画角サイズ　10インチ以上　　横画面
　[PCのOS] Win10以降　　[タブレットのOS] iOS14以降
　[ブラウザ] Google Chrome（最新版）　Edge（最新版）　safari（最新版）
※お客様の端末およびインターネット環境によりご利用いただけない場合，当社は責任を負いかねます。
※本サービスは事前の予告なく，変更になる場合があります。ご理解，ご了承いただきますよう，お願いいたします。

答え▶2ページ

1 世界のすがた

標準レベル ············· トライしよう

1 世界のおもな国々，大陸や海洋について，地図などを使ってまとめています。国名と国旗を示した国のうち，南アメリカ大陸にある国に色をぬりましょう。また，下の ◯ にあてはまる言葉を書きましょう。

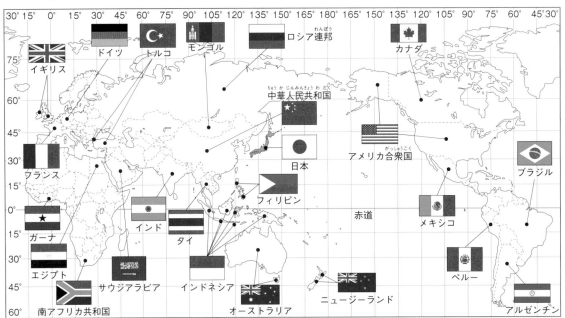

● 世界には ① 〔　　〕 つ の大陸と

② 〔　　〕 つ の大きな海洋がある。

● 最大の大陸は

③ 〔　　　　　〕 大陸 で，

中国やロシアなどの国がある。

● 陸地と海洋の面積では，

④ 〔　　　　　〕 のほうが広い。

● 最大の海洋は ⑤ 〔　　　〕 洋 で，

すべての陸地の面積よりも広い。

▼大陸と大きな海洋

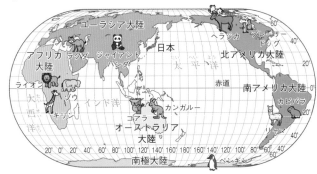

▼陸地と海洋の面積

陸地 3

海洋 7

2 世界の6つの州について，地図と表でまとめています。表中の◯◯にあてはまる
州名を書きましょう。左ページの地図も参考にしましょう。

ユーラシア大陸はヨーロッパ州とアジア州に分けられる。

ヨーロッパ州　アジア州　北アメリカ州

中央アジア
西アジア　東アジア
南アジア
東南アジア

アジア州は，さらに細かく西アジア，中央アジア，東アジア，南アジア，東南アジアに分けられる。

アフリカ州

オセアニア州

南アメリカ州

‥‥‥‥ 州界
――― 国境

オーストラリア州ではなく，オセアニア州と呼ぶことに注意！

州名	面積 (2020年)	人口 (2021年)	おもな国々
① 　　　　州	3103万km²	47億人	日本，中華人民共和国，タイ，インドなど
② 　　　　州	2214万km²	7億人	ドイツ，イギリス，フランス，イタリアなど
③ 　　　　州	2965万km²	13億人	エジプト，ガーナ，南アフリカ共和国など
④ 　　　　州	2133万km²	6億人	アメリカ合衆国，カナダ，メキシコなど
⑤ 　　　　州	1746万km²	4億人	ブラジル，アルゼンチン，ペルーなど
⑥ 　　　　州	849万km²	0.4億人	オーストラリア，ニュージーランドなど

ノートにまとめる

● 大陸と海洋…6つの大陸と3つの大きな海洋がある。
　▶ 6つの大陸…ユーラシア・アフリカ・北アメリカ・
　南アメリカ・オーストラリア・南極大陸。
　▶ 3つの大きな海洋…太平洋・大西洋・インド洋。
● 国旗…各国を表すしるし。国旗は，大切な意味や由来を
　もっていて，大事にあつかわなくてはいけない。
● 6つの州…アジア・ヨーロッパ・アフリカ・北アメリカ・
　南アメリカ・オセアニア州。

▼日本の国旗

日章旗と呼ばれ，白地に赤い丸がある。

1 世界のすがた

答え▶2ページ

 ✦✦✦ ハイ レベル  マスターしよう

1 世界のおもな大陸と海洋，おもな国々について，地図や表を見て，あとの問いに答えましょう。

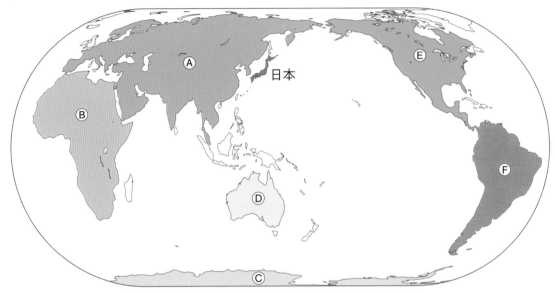

(1) 地図中の𝔸の大陸を何といいますか。

（　　　　　　　　）

(2) 地図中の𝔸，𝔹，𝔻の大陸にはさまれた海洋を何といいますか。

（　　　　　　　　）

(3) 地図中の𝔸の大陸にある国を，**表1**中からすべて選びましょう。

（　　　　　　　　）

(4) 地図中の𝔼の大陸にある国を，**表2**中からすべて選びましょう。

（　　　　　　　　）

表1	人口が多い国	
1位	中華人民共和国	14.4億人
2位	インド	13.9億人
3位	アメリカ合衆国	3.3億人
4位	インドネシア	2.8億人
5位	パキスタン	2.3億人

(2021年)(「日本国勢図会」2022/23年版)

表2	面積が大きい国	
1位	ロシア連邦	1710万㎢
2位	カナダ	999万㎢
3位	アメリカ合衆国	983万㎢
4位	中華人民共和国	960万㎢
5位	ブラジル	852万㎢

(2020年)(「日本国勢図会」2022/23年版)

(5) 次の国の国旗を，あとからそれぞれ選びましょう。

① イギリス（　　） ② カナダ（　　） ③ トルコ（　　）

㋐　　　　　　　㋑　　　　　　　㋒　　　　　　　㋓

もの知りクイズの答え

[Q1] どの国の領土(りょうど)でもない
[Q2] イ・エ

[Q1] 各国が結んだ南極条約(じょうやく)によって，どの国の領土(りょうど)にも属(ぞく)さないことが取り決められているよ。[Q2] バングラデシュの国旗は緑色の上に赤い円，パラオの国旗は青色の上に黄色の円があるんだ。どちらも円が中心から少し左にあるよ。

(6) 国旗は，自分の国のものだけでなく，ほかの国の国旗も大事にしなくてはいけません。その理由を書きましょう。
(　　　　　　　　　　　　　　　　　　　　)

2 6つの州について，地図を見て，次の問いに答えましょう。

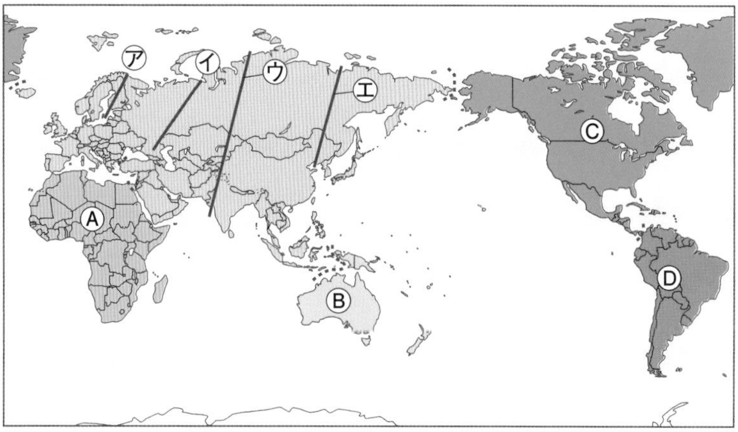

(1) 日本が属(ぞく)する州を何といいますか。
(　　　　　)

(2) アジア州とヨーロッパ州のおよその境(さかい)を示(しめ)す線を，地図中の㋐〜㋓から選びましょう。
(　　　)

(3) 次の国々が属(ぞく)する州を，地図中のⒶ〜Ⓓからそれぞれ選びましょう。

① ブラジル・アルゼンチン・ペルー・チリ (　　　)
② アメリカ合衆国(がっしゅうこく)・カナダ・メキシコ・キューバ (　　　)
③ オーストラリア・ニュージーランド・フィジー・ツバル (　　　)
④ エジプト・ガーナ・南アフリカ共和国・ナイジェリア (　　　)

思考力トレーニング　国旗を考えよう

次の文は，ある国の国旗の由来を説明しています。あてはまる国旗をあとから選びましょう。

赤と白の帯はこの国が独立(どくりつ)したときの州の数を，星の数は現在(げんざい)の州の数を表している。

㋐
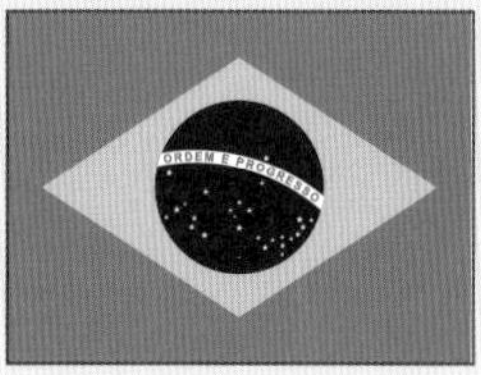

㋑
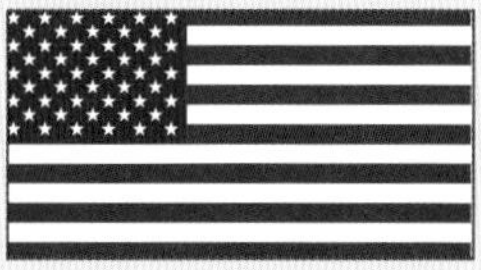

㋒
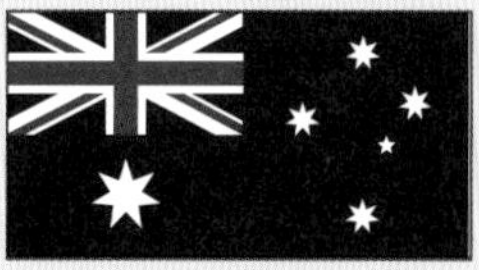

㋓
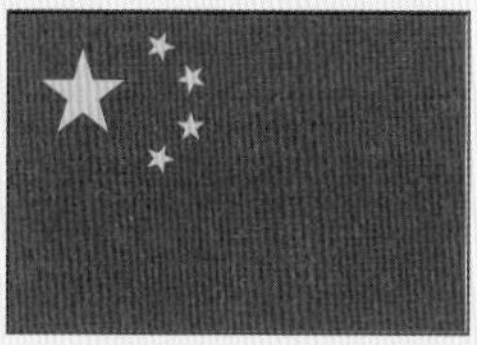

答え▶3ページ

2 世界地図と地球儀

標準 レベル
トライ しよう

1 緯度と経度について，図を使ってまとめています。下の□にあてはまる言葉を書き，（　　）内の正しいほうを丸で囲みましょう。

▼緯度と経度

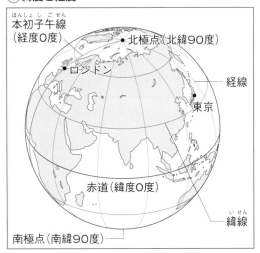

▼緯度のしくみ

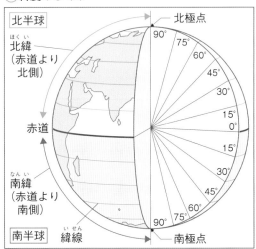

▼経度のしくみ

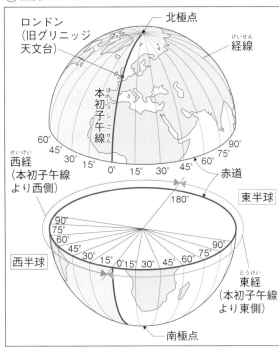

● ① □ は，同じ緯度の地点を結んだ横の線。

●緯度は南北（② 90・180 ）度ずつ。

●赤道より北側を ③ □ ，

　南側を ④ □ で示す。

● ⑤ □ は，同じ経度の地点を結んだたての線。

●経度は東西（⑥ 90・180 ）度ずつ。

●本初子午線より東側を

　⑦ □ ，西側を

　⑧ □ で示す。

もの知り？クイズ

Q1 日本にある地球33番地ってどんなところ？
Q2 地球儀上で日本のちょうど真裏あたりにある国はどこ？
　　　　　　ア　アメリカ合衆国　　イ　イギリス　　ウ　エジプト　　エ　ブラジル

2 日本と緯度や経度が同じ国，日本から近い都市や遠い都市について，地図で調べています。表中の□にあてはまる国名や都市名を地図から選んで書きましょう。

▼緯線と経線が直角に交わる地図

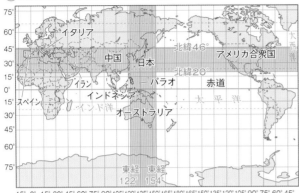

▼東京からのきょりと方位が正しい地図

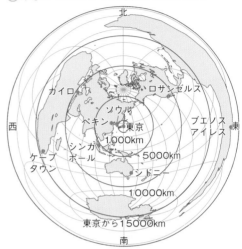

日本と緯度が同じくらいの国	日本と経度が同じくらいの国
① _____ , 中国， イラン，スペイン，イタリアなど	② _____ , インドネシア，パラオなど
日本から近い都市	日本から遠い都市
③ _____ , ソウルなど	④ _____ , ケープタウンなど

ノートにまとめる

- 地球上の位置…緯度と経度を用いて示す。
  - ▶緯度…赤道を0度として，南北に90度ずつ。
  - ▶経度…イギリスのロンドンにある旧グリニッジ天文台を通る線を0度として，東西に180度ずつ。
- 地球儀…地球をほぼそのままの形で小さくした模型。
- 世界地図…目的に合わせて使い分けが必要。緯線と経線が直角に交わる地図，中心からのきょりと方位が正しい地図，面積が正しい地図などがある。

▼地球儀

陸地の形，面積，きょり，方位などがすべて正しい！

学習した日　　月　　日

2 世界地図と地球儀

答え▶3ページ

ハイレベル

マスターしよう

1 緯度や経度について，次の２つの地図を見て，あとの問いに答えましょう。

地図１

地図２

（注：緯線と経線は30度ごとに引かれている）

(1) 本初子午線（経度０度の経線）について，次の問いに答えましょう。

① 本初子午線を，**地図１**中のⒶ～Ⓒから選びましょう。

（　　　）

② 本初子午線が通る国を，次から選びましょう。

（　　　）

㋐ エジプト　㋑ アメリカ合衆国　㋒ イギリス　㋓ 中国

(2) 赤道について，次の問いに答えましょう。

① 赤道を，**地図１**中のⒹ～Ⓕ，**地図２**中のⒼ～Ⓘから，それぞれ選びましょう。

地図１（　　　）　**地図２**（　　　）

② 赤道が通る国を，次から２つ選びましょう。

（　　　）（　　　）

㋐ サウジアラビア　㋑ インドネシア　㋒ メキシコ　㋓ ブラジル

(3) **地図１**中のⓐの地点の緯度と経度を書きましょう（「北緯」または「南緯」と，「東経」または「西経」をつけて示すこと）。

（　　　　　　　　）

(4) 日本と同じくらいの緯度にある国を，次から選びましょう。

（　　　）

㋐ イタリア　㋑ ブラジル　㋒ オーストラリア　㋓ カナダ

もの知り？クイズの答え

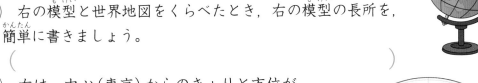

Q1 北緯33度33分33秒，東経133度33分33秒の地点

Q2 エ

Q1 地球33番地は，高知県の高知市内にあるよ。緯度と経度で，同じ数字がこれだけならぶ地点はとてもめずらしいんだ。**Q2** 地球上で日本の真裏は，南アメリカ大陸のブラジルやウルグアイあたり。地球儀で確認してみよう。

❷ 右のイラストや地図を見て，次の問いに答えましょう。

(1) 右のイラストの模型は，地球をほぼそのままの形で小さくしたものです。この模型を何といいますか。

(　　　　　　　　　　)

(2) 右の模型と世界地図をくらべたとき，右の模型の長所を，簡単に書きましょう。

(　　　　　　　　　　)

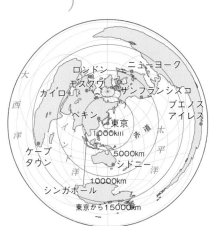

(3) 右は，中心（東京）からのきょりと方位が正しい地図です。次の文にあてはまる都市を，地図中からそれぞれ選びましょう。

① 東京から最も近い都市

(　　　　　　　　　)

② 東京から最も遠い都市

(　　　　　　　　　)

③ 東京から見てほぼ南にある都市

(　　　　　　　　　)

💡 **思考力トレーニング**　　地図をくらべよう

次の2つの地図で，東京からグリーンランドのきょりと，東京から南アメリカ大陸のきょりをくらべると，どんなことがわかりますか。簡単に書きましょう。

┌─────────────────────────────────────┐
│   │
│   │
└─────────────────────────────────────┘

地図1 緯線と経線が直角に交わる地図

地図2 中心からのきょりと方位が正しい地図

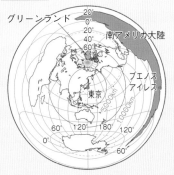

！ヒント　　地図1は，きょりが正しく表されていないことを忘れないようにしよう。

11

特集 めざせ　社会の博士❶

答え▶3ページ

世界の不思議な自然遺産

🔍　次の地図は，世界のおもな世界自然遺産をしょうかいしています。その中からいくつかをピックアップして，その世界自然遺産のある地域（州）や国，特色を写真つきでカードにまとめることにしました。地図を見て，カードの◯◯にあてはまる言葉をすべて書きましょう。

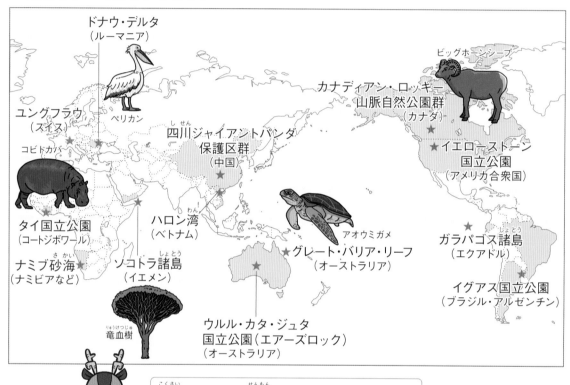

- ドナウ・デルタ（ルーマニア）　ペリカン
- ユングフラウ（スイス）
- コビトカバ
- カナディアン・ロッキー山脈自然公園群（カナダ）　ビッグホーンシープ
- 四川ジャイアントパンダ保護区群（中国）
- イエローストーン国立公園（アメリカ合衆国）
- タイ国立公園（コートジボワール）
- ハロン湾（ベトナム）
- アオウミガメ
- グレート・バリア・リーフ（オーストラリア）
- ガラパゴス諸島（エクアドル）
- ナミブ砂海（ナミビアなど）
- ソコトラ諸島（イエメン）　竜血樹
- ウルル・カタ・ジュタ国立公園（エアーズロック）（オーストラリア）
- イグアス国立公園（ブラジル・アルゼンチン）

国際連合（国連）の専門機関であるユネスコによって登録された，貴重な自然や建築などを，世界遺産というよ！　世界遺産は，自然遺産，文化遺産，その両方の価値をもつ複合遺産に分けられているよ。

名前　ハロン湾

州名　アジア州

国名　①_____

- 広いおだやかな湾内に，10万年以上の時間をかけてつくられた，大小2000もの石灰岩の奇岩が見られる。
- 名前の由来は「龍が降り立つ場所」。

名前　ナミブ砂海<ruby>砂海<rt>さかい</rt></ruby>

州名　② ⬛

国名　ナミビアなど

● 世界で最も古いといわれる<ruby>砂漠<rt>さばく</rt></ruby>。

● オレンジ川から海に流れ出た<ruby>砂<rt>すな</rt></ruby>が，強い海風で内陸へ運ばれてつくられた。

●「ナミブ」とは先住民の言葉で「何もない所」。

名前　イエローストーン国立公園

州名　北アメリカ州

国名　③ ⬛

● 世界初の国立公園。

● 熱湯と蒸気がふき上がる世界最大級の<ruby>間欠泉<rt>かんけつせん</rt></ruby>や，水が七色にかがやく池などが見どころ。

● 1978年に世界で初めて登録された世界遺産の1つ。

名前　ガラパゴス<ruby>諸島<rt>しょとう</rt></ruby>

州名　南アメリカ州

国名　④ ⬛

● 大陸から1000kmほどはなれた<ruby>太平洋上<rt>たいへいようじょう</rt></ruby>の島々。

● <ruby>独自<rt>どくじ</rt></ruby>の進化をとげためずらしい生物が多くすむ。

● 1978年に世界で初めて登録された世界<ruby>遺産<rt>いさん</rt></ruby>の1つ。

名前　グレート・バリア・リーフ

州名　⑤ ⬛

国名　オーストラリア

● オーストラリアの北東部に，全長2000kmにわたって広がる世界最大のさんごしょう。

● 海の生物のすみかとなっている。

● <ruby>気候変動<rt>きこうへんどう</rt></ruby>や<ruby>環境汚染<rt>かんきょうおせん</rt></ruby>によるさんごの<ruby>減少<rt>げんしょう</rt></ruby>が課題。

答え▶4ページ

3 日本の位置と領域

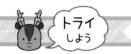

標準レベル　トライしよう

1 日本の位置とはんいについて，地図と表でまとめています。下の表を見て，地図に日本の東西南北のはしの島を書きましょう。また，□にあてはまる言葉を書きましょう。

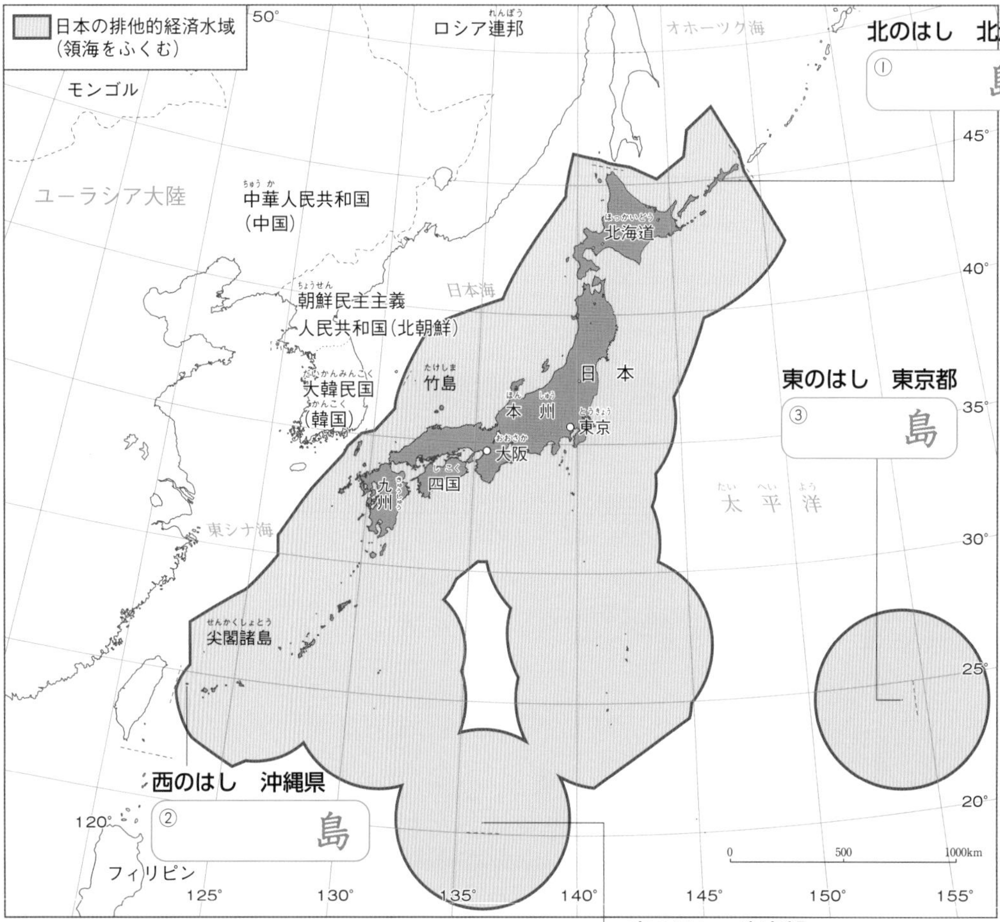
日本の排他的経済水域（領海をふくむ）
ロシア連邦
オホーツク海
モンゴル
ユーラシア大陸
中華人民共和国（中国）
朝鮮民主主義人民共和国（北朝鮮）
日本海
大韓民国（韓国）
竹島
北海道
本州
日本
東京
大阪
四国
九州
東シナ海
太平洋
尖閣諸島
フィリピン
北のはし　北海道
① 島
東のはし　東京都
③ 島
西のはし　沖縄県
② 島
南のはし　東京都
④ 島
50°
45°
40°
35°
30°
25°
20°
120°
125°
130°
135°
140°
145°
150°
155°
0
500
1000km

●日本は⑤（　　　　大陸）の東にある。

●まわりを海に囲まれた⑥（　　　　国）。

●北海道，⑦（　　　　），四国，九州の4つの大きな島と，まわりの小さな島々からなる。

▼日本のはしの島の緯度・経度

	島名	緯度・経度
北	択捉島	北緯45度33分
南	沖ノ鳥島	北緯20度25分
西	与那国島	東経122度56分
東	南鳥島	東経153度59分

もの知り❓クイズ
Q1 日本の海岸線の長さは世界第何位？（ちなみに日本の国土面積は世界で60番目くらい）
Q2 沖ノ鳥島が水没することで失われる排他的経済水域の面積はどれくらい？
　　　　　　　　　　ア　約40km²　　イ　約4000km²　　ウ　約40万km²

2 日本のまわりの国々について調べています。下のカードを参考に，地図の
　　◯にあてはまる国名を正式名称で書きましょう。

① ___　　③ ___

② ___　　④ ___

カード　日本のまわりの国々

(面積は2020年，人口は2021年)
(「日本国勢図会」2022/23版)

中華人民共和国	ロシア連邦	大韓民国	フィリピン

①面積…960万km²	①面積…1710万km²	①面積…10万km²	①面積…30万km²
②人口…14億4000万人	②人口…1億5000万人	②人口…5000万人	②人口…1億1000万人
③首都…ペキン	③首都…モスクワ	③首都…ソウル	③首都…マニラ
④食べ物…シューマイ	④食べ物…ビーフストロガノフ	④食べ物…キムチ	④食べ物…ハロハロ

ノートにまとめる

- 日本の国土…北のはしから南のはしまで約7000の
　島々が南北約3000kmにわたって弓なりに連なる。
- まわりの国々…中国，韓国，ロシアなど。
- 領土をめぐる問題…北方領土，竹島，尖閣諸島など。
- 国のはんい…領土，領海，領空からなる。
　▶ 領土…陸地。陸地に囲まれた湖や川などもふくむ。
　▶ 領海…海岸線から12海里（約22km）までの海域。
　▶ 領空…領土と領海の上空。
　▶ 排他的経済水域…海岸線から200海里（約370km）
　　までのはんいで，領海をのぞく海域。沿岸国は水産
　　資源や海底の鉱産資源を自由に管理・開発できる。

▼領土・領海・領空と排他的経済水域

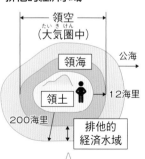

公海はどこの国の船も自由に航行できる。

学習した日　　月　　日

3 日本の位置と領域

答え▶4ページ

ハイレベル

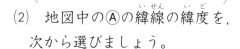

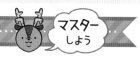

マスターしょう

1 日本の位置とはんいについて，地図や写真を見て，次の問いに答えましょう。

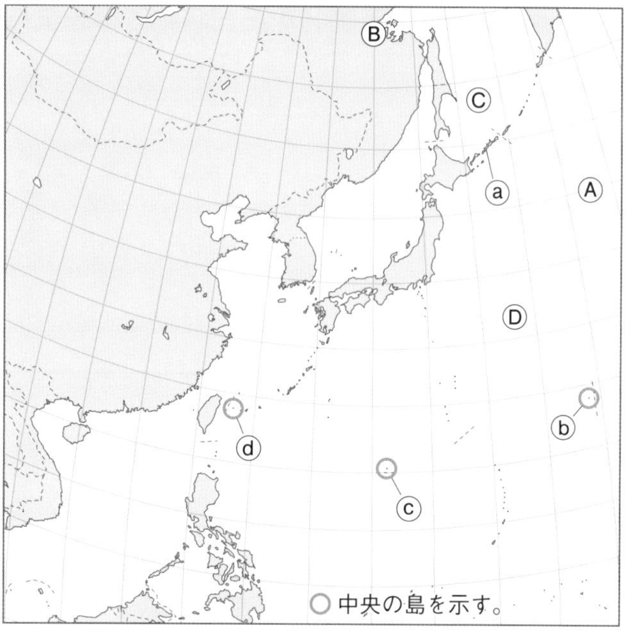

(1) 日本の位置を，「ユーラシア大陸」または「太平洋」の語句を用いて説明しましょう。

(　　　　　　　　)

(2) 地図中のⒶの緯線の緯度を，次から選びましょう。

(　　　)

㋐ 北緯30度
㋑ 北緯40度
㋒ 北緯50度
㋓ 北緯60度

(3) 地図中のⒷの経線の経度を，次から選びましょう。

(　　　)

㋐ 東経105度　㋑ 東経120度　㋒ 東経135度　㋓ 東経150度

(4) 地図中のⒸ，Ⓓの海洋の名前を次からそれぞれ選びましょう。

Ⓒ(　　　)　Ⓓ(　　　)

㋐ 東シナ海　㋑ オホーツク海　㋒ 太平洋　㋓ 日本海

(5) 地図中のⓐ～ⓓは日本の東西南北のはしの島を示しています。次の問いに答えましょう。

① ⓐ～ⓓの島の名前を次からそれぞれ選びましょう。

ⓐ(　　　)　ⓑ(　　　)
ⓒ(　　　)　ⓓ(　　　)

㋐ 沖ノ鳥島　㋑ 南鳥島
㋒ 与那国島　㋓ 択捉島

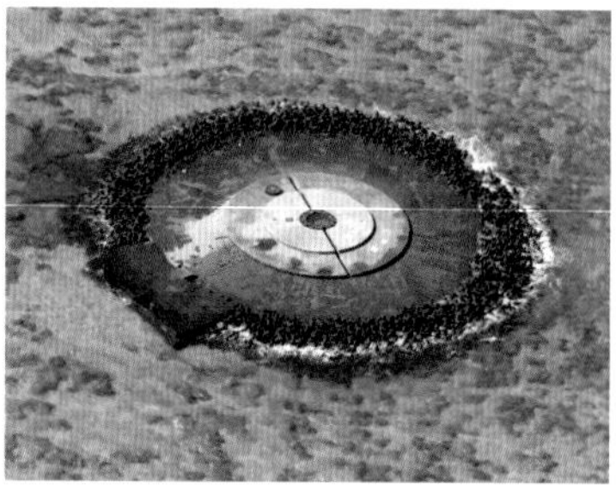

② 右はⓒの島の写真です。この島は水没を防ぐために護岸工事が行われました。その理由を簡単に答えましょう。

(　　　　　　　　)

③ 日本の北のはしから南のはしまでのおよそのきょりを次から選びましょう。

(　　　)

㋐ 1000km　㋑ 2000km　㋒ 3000km　㋓ 4000km

2 日本のまわりの国々について、次の文と国旗にあてはまる国を、地図中の㋐〜㋛からそれぞれ選びましょう。

(1) 日本の南西に位置する島国で、日本にバナナを輸出している。（　　　）

(2) 世界一面積が大きい国で、日本と領土をめぐる問題をかかえている。（　　　）

(3) 日本海と東シナ海につき出した半島の南部に位置する国。（　　　）

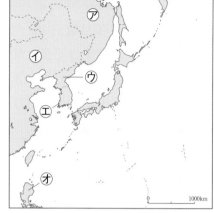

3 次の語句が示すはんいに色をぬりましょう。

(1) 領海

(2) 排他的経済水域

思考力トレーニング 理由を考えよう

次の図は、おもな国の国土面積と排他的経済水域の面積を示しています。日本の排他的経済水域の面積が国土面積にくらべてかなり広い理由を答えましょう。

カナダ
470万km²
領土 998万km²
排他的経済水域

アメリカ合衆国
762
983

中国
96
960

日本
38
447

※排他的経済水域の面積には領海をふくむ。（「海洋白書」ほか）

2章 日本のすがた

答え▶5ページ

4 日本の地形

～・✦・標準レベル・✦・～　　トライ
しよう

1 日本のおもな山地・山脈・火山，おもな川・平野・盆地・台地とその特色について，地図やグラフを使ってまとめています。◯にあてはまる言葉や数字を書き，（　　）内の正しいほうを丸で囲みましょう。また，国土の地形別の割合について，山地と平地の割合を色でぬり分けましょう。

▼日本のおもな山地・山脈・火山

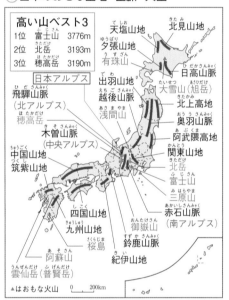

```
高い山ベスト3
1位 富士山 3776m
2位 北岳  3193m
3位 穂高岳 3190m

日本アルプス
```

▼国土の地形別の割合

全国を100とすると

山地	73
平地	25
川・湖	2

（「日本統計年鑑」）

山地
平地
川・湖

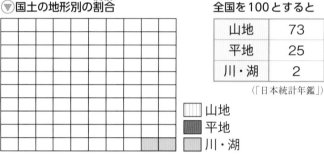

●日本の国土の約4分の ① ◯ は山地で，山がちな地形。平地は少ない。

● ② ◯ …山が列をなして連なったところで，おもに国土の中央部にそびえる。

▼日本のおもな川・平野・盆地・台地

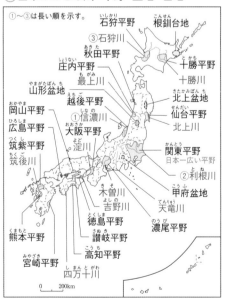

①～③は長い順を示す。

▼日本の川と外国の川のひかく

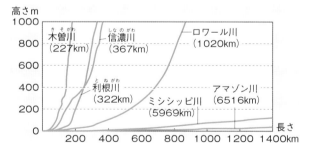

● ③ ◯ …大きな川が流れ出す，海ぞいに広がる平地。

●日本の川は流れが（④ 急 ・ ゆるやか ）で，長さが（⑤ 長い ・ 短い ）。

2 日本のおもな海岸・半島・島・湖について，地図と写真でまとめています。▢に
あてはまる言葉を書きましょう。

▼日本のおもな海岸・半島・島・湖

▼三陸海岸 (岩手県)

▼九十九里浜 (千葉県)

● ① ▢ 海岸 …出入りが複雑な海
岸。東北地方の三陸海岸などで見られる。
● ② ▢ 海岸 …風などで運ばれた砂が
積もってできた海岸。千葉県の九十九里浜。
●日本最大の湖は，滋賀県の琵琶湖。

ノートにまとめる

🌏日本の地形の特色…国土の約４分の３が山地。

▶山地…山脈・高地・高原・丘陵など。国土の
中央部にけわしい**日本の屋根（日本アルプス）**。

▶火山…噴火で被害が出るがめぐみももたらす。

▶川…日本の川は流れが急で長さが短い。

▶平地…平野・盆地・台地など。

▶海岸…入り組んだ海岸や砂浜が続く海岸など。

🌏高地のくらし…低温で夏はすずし
く，冬は寒さが厳しい。夏にすず
しい気候をいかして，キャベツな
どの高原野菜をさいばい。

🌏低地のくらし…水害になやまされ
る。川の流れを変えたり，**堤防**を
つくったりする治水の取り組み。

▼温泉

火山のめぐみ
の１つ。

▼山地と平地，海岸の地形

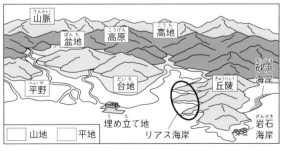

学習した日　月　日

4 日本の地形

答え▶5ページ

ハイレベル　マスターしよう

❶ 日本のおもな山地・山脈(さんみゃく)・火山，おもな川・平野について，次の２つの地図を見て，あとの問いに答えましょう。

地図１ 日本のおもな山地・山脈(さんみゃく)・火山

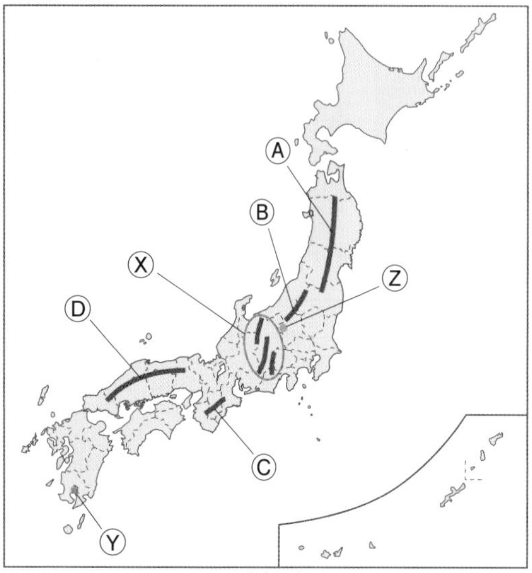

地図２ 日本のおもな川・平野

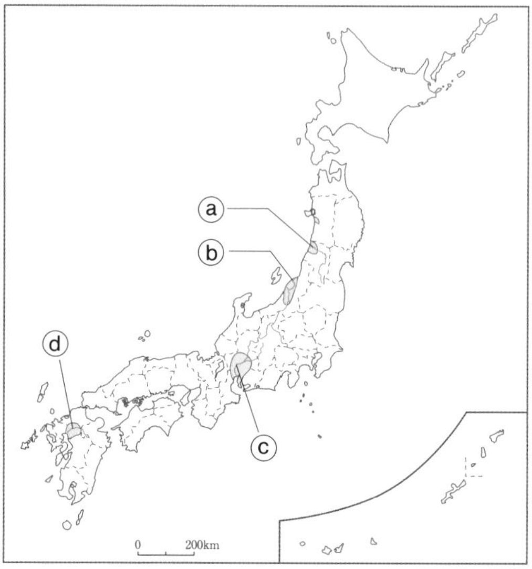

(1) 次の山地・山脈(さんみゃく)の位置を，**地図１**中のⒶ～Ⓓからそれぞれ選びましょう。

① 越後山脈(えちごさんみゃく)（　　）　② 奥羽山脈(おううさんみゃく)（　　）

③ 中国(ちゅうごく)山地（　　）　④ 紀伊(きい)山地（　　）

(2) **地図１**中のⓍの３つの山脈(さんみゃく)について，次の問いに答えましょう。

① Ⓧの３つの山脈(さんみゃく)をまとめて何といいますか。（　　）

② Ⓧの３つの山脈(さんみゃく)のいずれもが属(ぞく)している都道府県はどこですか。

（　　）

(3) **地図１**中のⓎの火山は，近年も噴火(ふんか)をくり返しています。火山はめぐみももたらしてくれますが，どんなめぐみがありますか。簡単(かんたん)に答えましょう。

（　　）

(4) **地図１**中のⓏの地域(ちいき)は，標高が高いところにあります。この地域(ちいき)でさかんにさいばいされている農作物を，次から選びましょう。（　　）

㋐ みかん　㋑ きゅうり　㋒ なす　㋓ キャベツ

(5) **地図２**中のⓐ～ⓓの川の名前と，その流域(りゅういき)に広がる平野の名前の組み合わせを，次からそれぞれ選びましょう。

ⓐ（　　）ⓑ（　　）ⓒ（　　）ⓓ（　　）

㋐ 筑後川(ちくごがわ)－筑紫(つくし)平野　㋑ 信濃川(しなのがわ)－越後(えちご)平野

㋒ 木曽川(きそがわ)－濃尾(のうび)平野　㋓ 最上川(もがみがわ)－庄内(しょうない)平野

もの知り
?クイズ
の答え
Q1 約34km²
Q2 ア

Q1 青森県の猿ヶ森砂丘ははばが約2km，長さが約17kmで日本一の面積だよ。
Q2 秋田県の田沢湖の深さは423m。ちなみに世界一深い湖は，ロシア連邦のバイカル湖で深さなんと1741m！ 田沢湖の深さの4倍以上もあるんだ。

❷ 日本のおもな海岸・半島・島・湖について，右の地図を見て，次の問いに答えましょう。

(1) 地図中の⒜～Ⓒの半島の名前を示した次のうち，正しいものには○，誤っているものには正しい名前を書きましょう。

    Ⓐ　津軽半島（　　　　　　）
    Ⓑ　房総半島（　　　　　　）
    Ⓒ　能登半島（　　　　　　）

(2) 次の島の位置を，地図中の⒜～ⓔからそれぞれ選びましょう。

    ① 種子島（　　　　　　）
    ② 佐渡島（　　　　　　）
    ③ 淡路島（　　　　　　）

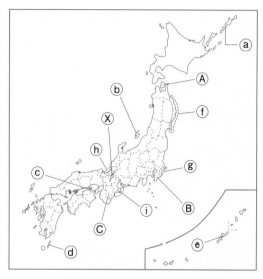

(3) 地図中のⓍの湖の名前を書きましょう。
    （　　　　　　　　　　）

(4) 右の写真のような地形が見られる海岸を，地図中の⒡～ⓘから選びましょう。
    （　　　　　　　　　　）

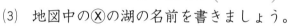
💡**思考力トレーニング**　資料をくらべよう

次の図1は岐阜県海津市付近の130年ほど前の地形，図2は同じ場所の現在の地形です。どんな変化があったことが読み取れますか。簡単に書きましょう。また，変化した理由も書きましょう。

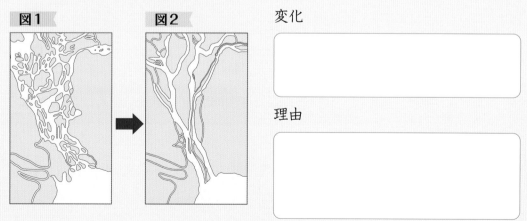

図1　　　　　　図2　　　　　　変化

理由

答え▶6ページ

5 日本の気候

標準 レベル

1 太平洋側にある静岡県静岡市と日本海側にある新潟県上越市の気候について調べています。表をもとに，2つの都市の降水量のグラフを完成させましょう。また，□にあてはまる言葉を書きましょう。

▼静岡市の月別降水量

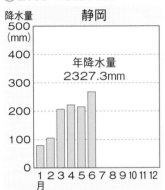

▼上越市の月別降水量

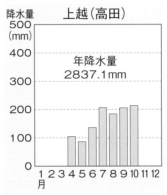

● 太平洋側にある静岡市は
① □□□□ に降水量が
多く，冬は少ない。
● 日本海側にある上越市は
② □□□□ に降水量が
とても多い。

▼静岡市と上越市の月別降水量

(単位:mm)	1月	2月	3月	4月	5月	6月	7月	8月	9月	10月	11月	12月
静岡市	79.6	105.3	207.1	222.2	215.3	268.9	296.6	186.5	280.6	250.3	134.2	80.7
上越市	429.6	263.3	194.7	105.3	87.0	136.5	206.8	184.5	205.8	213.9	334.2	475.5

(「理科年表」2022年版)

▼2つの都市の位置と季節風

▼夏と冬の季節風

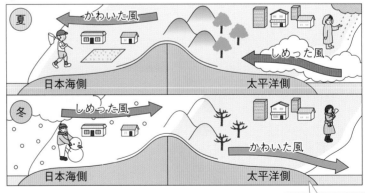

山地をこえると，かわいた風となってふき下ろす。

● 夏の ③ □□□□ からの季節風が太平洋側に雨をふらせる。

● 冬の ④ □□□□ からの季節風が日本海側に雪をふらせる。

2　あたたかい沖縄県と寒さが厳しい北海道のくらしについて，図やグラフや写真でまとめています。□にあてはまる言葉を書きましょう。

▼那覇市と札幌市の位置と台風の進路

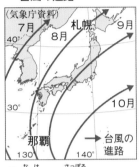

▼沖縄県の伝統的な家

▼寒さに備えた北海道の家

▼那覇市と札幌市の気温と降水量

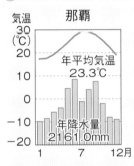

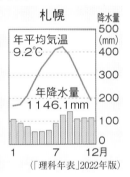

（「理科年表」2022年版）

●沖縄県の伝統的な家では，①□□□の強い風をしのぐために，まわりを石垣で囲んでいる。

●厳しい寒さの北海道では，玄関や窓を②□□□にしている。

ノートにまとめる

🌏日本の気候…四季の変化がはっきりしている。

　▶つゆ…6～7月ごろに雨の日が続く。

　▶台風…夏から秋に強風や大雨をもたらす。

　▶季節風…夏は南東（太平洋）から，冬は北西（ユーラシア大陸）からふいてくる。

🌏日本の気候区分…6つに分けられる。

　▶北海道の気候…冬の寒さが厳しい。

　▶太平洋側の気候…夏や秋に雨が多い。

　▶日本海側の気候…冬に雪が多い。

　▶中央高地の気候…降水量が少なく，冬低温。

　▶瀬戸内海の気候…降水量が少なく，温暖。

　▶南西諸島の気候…一年中あたたかく，降水量が多い。

▼日本の気候区分

✦✦✦ ハイ レベル　マスターしよう

① 日本の気候にえいきょうをあたえる風について，次の図を見て，あとの問いに答えましょう。

(1) 図のように，季節によってふく向きが変わる風を何といいますか。
（　　　　　　　　　　　）

(2) ユーラシア大陸のほうから風がふいてくるのは，夏と冬のどちらですか。
（　　　　　　　　　　　）

(3) (1)の風は，山地にぶつかる前とぶつかったあとでどのように変わりますか。図を見て，簡単に答えましょう。
（　　　　　　　　　　　　　　　　　　　　　　　　　　　　）

② 日本の気候について，右の地図を見て，次の問いに答えましょう。

(1) 地図中の④以外の地域で，6月中ごろから7月にかけて雨の日が続く現象を何といいますか。
（　　　　　　　　　）

(2) 夏から秋にかけて日本列島に接近・上陸し，強風や大雨をもたらすものは何ですか。
（　　　　　　　　　）

(3) 地図中の④〜⑥の地域の気温と降水量を示しているグラフを次からそれぞれ選びましょう。

④（　　　）　　Ⓑ（　　　）

Ⓒ（　　　）　　Ⓓ（　　　）

Ⓔ（　　　）　　Ⓕ（　　　）

色分けは気候区分を示す。

0　200km

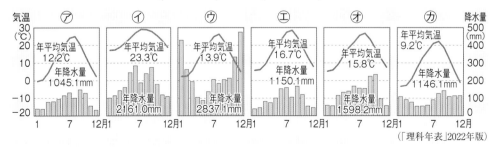

（「理科年表」2022年版）

(4) 地図中の⒜の地域のくらしについて，次の問いに答えましょう。

① ⒜の地域の農業の特色を，次から選びましょう。

(　　　　)

㋐ 広い土地をいかして，大規模な畑作や稲作，酪農を行っている。

㋑ 高地のすずしい気候をいかして，高原野菜づくりに力を入れている。

㋒ ビニールハウスなどを使った花のさいばいがさかんである。

② ⒜の地域には，古くからアイヌの人々がくらしていました。このようなその土地にもともと住んでいた人々のことを何といいますか。

(　　　　)

(5) 地図中の⒡の地域のくらしについて，次の問いに答えましょう。

① ⒡の地域でさかんにつくられている農作物を，次からすべて選びましょう。

(　　　　)

㋐ さとうきび 　　㋑ マンゴー 　　㋒ じゃがいも 　　㋓ パイナップル

② 右の写真は，⒡の地域に見られる伝統的な家です。家のまわりを石垣や木で囲んでいるのはなぜですか。⒡の地域の気候の特色にふれて答えましょう。

(　　　　　　　　　　　　　　)

思考力トレーニング　問題文を考えよう

あとの答えになる問題文を考えてみよう（必ず，次の資料を見て答える問題にすること）。

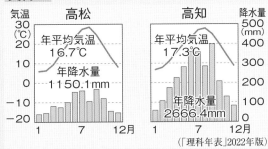

資料1 高松市と高知市の月別降水量

資料2 おもな山地と季節風

（「理科年表」2022年版）

答え　季節風が山地でさえぎられるから。

特集　めざせ　社会の博士②

答え▶6ページ

世界の住居に遊びに行こう！

🔍　世界の気候と住居の特ちょうを調べてまとめることになりました。次の地図は，気候帯の分布や各気候帯の気温と降水量を示したものです。地図をもとに各地域の気候の特色や住居についてカードにまとめています。地図中の分布やグラフを参考に，カード中の◯◯にあてはまる国名を地図から選んですべて書きましょう。

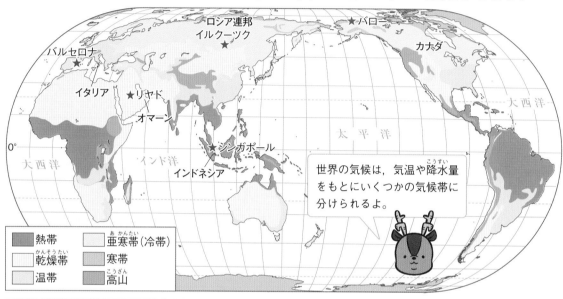

世界の気候は，気温や降水量をもとにいくつかの気候帯に分けられるよ。

凡例：
- 熱帯
- 乾燥帯
- 温帯
- 亜寒帯（冷帯）
- 寒帯
- 高山

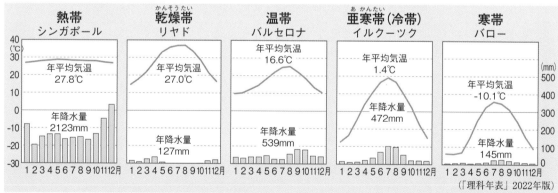

熱帯 シンガポール
年平均気温 27.8℃
年降水量 2123mm

乾燥帯 リヤド
年平均気温 27.0℃
年降水量 127mm

温帯 バルセロナ
年平均気温 16.6℃
年降水量 539mm

亜寒帯（冷帯） イルクーツク
年平均気温 1.4℃
年降水量 472mm

寒帯 バロー
年平均気温 -10.1℃
年降水量 145mm

（「理科年表」2022年版）

赤道の近くに広がる暑い地域の家

① ＿＿＿＿＿＿　の住居

Q.赤道の近くはどんな気候？

気候帯は熱帯。年中気温が高く，降水量が多い。雨季と乾季がはっきりしている地域もある。

Q.暑い地域の家の特ちょうは？

湿気や熱が家の中にこもらないように，高床にしている住居などが見られる。

② [　　　　　　　] の住居

中緯度地域や内陸部に広がる乾燥する地域の家

Q.乾燥する地域はどんな気候？

気候帯は乾燥帯。一年中降水量が少ない。砂漠が広がる地域や短い草の草原が広がる地域がある。

Q.乾燥する地域の家の特ちょうは？

森林が少なく木材が手に入りにくいので，土をこねてつくった日干しれんがの住居などが見られる。

中緯度地域を中心に広がる温暖な地域の家

③ [　　　　　　　] の住居

Q.温暖な地域はどんな気候？

気候帯は温帯。おだやかな気候で，四季の変化がはっきりしている。日本もほとんどが温帯に属する。

Q.温暖な地域の家の特ちょうは？

夏の日差しが強い地中海沿岸では，窓が小さく厚い石のかべの住居が見られる。

シベリア（ロシア連邦）の住居

北半球の高緯度地域に広がる寒さの厳しい地域の家

Q.寒さの厳しい地域はどんな気候？

気候帯は亜寒帯（冷帯）。冬の寒さがとくに厳しく，夏は短い。夏と冬の気温の差が大きい。

Q.寒さの厳しい地域の家の特ちょうは？

１年中こおったままの永久凍土が，建物からの熱でとけないように高床の住居が見られる。

北極や南極のまわりの家

Q.北極や南極のまわりはどんな気候？

気候帯は寒帯。一年中気温が低く，寒さが厳しい。雪と氷におおわれる地域が広がる。

Q.一年中寒い地域の家の特ちょうは？

カナダ北部の先住民のイヌイットは，冬にれんが状の雪を積み上げたイグルーにすんできた。

④ [　　　　　　　] 北部の

イヌイットの住居

3章 日本の食料生産

答え▶7ページ

6 米づくり

――――― 標準 レベル ―――――

トライ
しよう

1 米づくりがさかんな地域について，地図やグラフでまとめています。表をもとに，地図のまだ色がぬられていない道県に色をぬりましょう。また，地図やグラフからわかることとして，◯にあてはまる言葉を書きましょう。

▼ 都道府県別の米の生産量

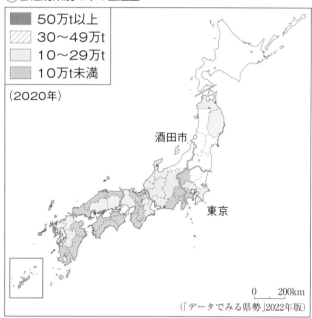

50万t以上
30〜49万t
10〜29万t
10万t未満

（2020年）

酒田市

東京

0　　　200km

（「データでみる県勢」2022年版）

▼ 米の生産量が20万t以上の都道府県の生産量と作付面積

	生産量 （万t）	作付面積 （万ha）
新潟県	66.7	12.2
北海道	59.4	10.5
秋田県	52.7	9.0
山形県	40.2	6.9
宮城県	37.7	7.5
福島県	36.7	7.1
茨城県	36.0	7.6
栃木県	31.9	6.9
千葉県	29.8	6.0
青森県	28.4	5.0
岩手県	27.9	5.6
富山県	20.6	3.9

（2020年）　（「データでみる県勢」2022年版）

● 北海道や ① 　　地方 でとくに米の生産量が多い。

● 生産量日本一は ② 　　県。

夏の気温が高いこと，夏と冬，昼と夜の気温差が大きいことも重要！

▼ 酒田市（山形県）と東京の気候のちがい

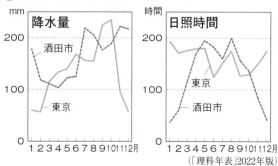

mm 降水量
200
酒田市
100
東京
1 2 3 4 5 6 7 8 9 10 11 12月

時間 日照時間
200
東京
100
酒田市
1 2 3 4 5 6 7 8 9 10 11 12月
（「理科年表」2022年版）

米づくりに適した気候の条件

● 年間の降水量が ③ 　　く，春は雪どけ水が豊富。

● 夏の ④ 　　が長い。

2 次の表は，米づくりの1年の仕事を示したものです。あとの資料を見て，◯◯にあてはまる言葉を書きましょう。

3月	4月	5月	6月	7月	8月	9月	10月	11月
種もみを選ぶ	① …田の土を耕す　代かき　なえを育てる	② …なえを植える　農薬をまく　③	田にみぞをほる	中干し　農薬をまく	肥料をあたえる	④ ・だっこく	かんそう・もみすり　カントリーエレベーターに運ぶ	

田おこし

トラクター

田植え

田植え機

水の管理

稲かり

コンバイン

ノートにまとめる

◉ 米づくりがさかんな地域
- ▶ 北海道や東北地方などでとくにさかん。
  - → 大きな川が流れる庄内平野や石狩平野など。
- ▶ 降水量，気温や日照時間など自然条件が合う。

◉ 米づくりのくふう…生産性を高める努力をする。
- ▶ 機械化…機械を使って作業を効率よく進める。
  - → 機械を使いやすいように耕地整理を行う。
- ▶ 品種改良…おいしくて病気に強い品種を開発。

◉ 米づくりの課題…米の消費量が減り，米があまるように。→転作（田を畑にして野菜などをつくる）などを進め，米の生産量をおさえる生産調整を行った。
- ▶ 新たな取り組み…米粉を使った食品や無洗米の開発で米の消費量を増やす。

▼耕地整理

田をまとめて，水田の形を広く整える。

3章 日本の食料生産

6 米づくり

答え▶7ページ

＋＋＋ ハイ レベル マスターしよう

❶ 次のグラフは，米づくりがさかんな山形県酒田市と米づくりがあまりさかんではない岩手県宮古市をくらべたものです。これを見て，あとの問いに答えましょう。

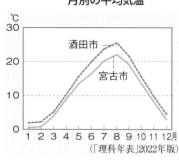

グラフ1 酒田市と宮古市の月別の平均気温
（「理科年表」2022年版）

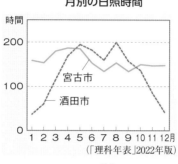

グラフ2 酒田市と宮古市の月別の日照時間
（「理科年表」2022年版）

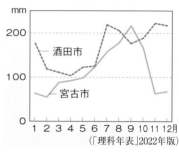

グラフ3 酒田市と宮古市の月別の降水量
（「理科年表」2022年版）

(1) グラフ1・2からわかる，米づくりに適した気候の条件を2つ書きましょう。

（　　　　　　　　　　　　　　　　　）
（　　　　　　　　　　　　　　　　　）

(2) 酒田市で，米づくりが本格的に始まる春の時期に水が豊富な理由を，グラフ3を見て，簡単に書きましょう。

（　　　　　　　　　　　　　　　　　　　　　　　　　　）

❷ 次の2つの資料を見て，米づくりがさかんな都道府県に共通していると考えられる地形の特色を簡単に書きましょう。

資料1 日本のおもな川と平野

資料2 都道府県別の米の生産量

50万t以上
30〜49万t
10〜29万t
10万t未満

（2020年）

0　　200km

（「データでみる県勢」2022年版）

（　　　　　　　　　　　　　　　　　　　　　　　　　　）

もの知り?クイズの答え

[Q1] 二期作
[Q2] 約1万年前

[Q1] 二期作は，あたたかい気候の沖縄県や東南アジアで行われているよ。
[Q2] 中国の長江沿岸(ちょうこうえんがん)で，約1万年前の遺跡(いせき)から見つかったのが最も古い米づくりのあとなんだ。日本には約2300年前に伝わったといわれているよ。

3 次の写真は米づくりの仕事の様子です。これを見て，あとの問いに答えましょう。

Ⓐ
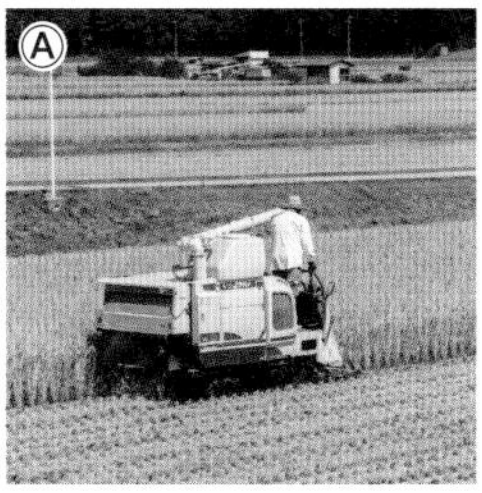
Ⓑ
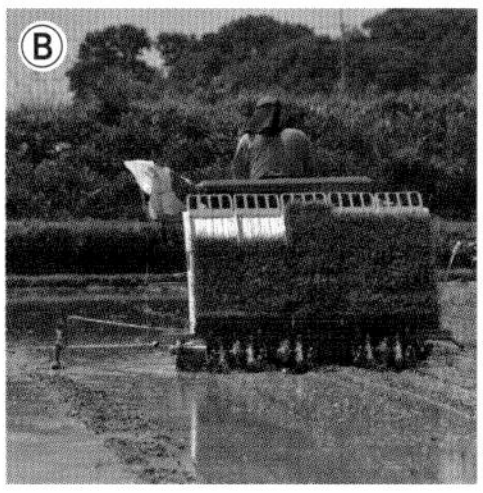
Ⓒ
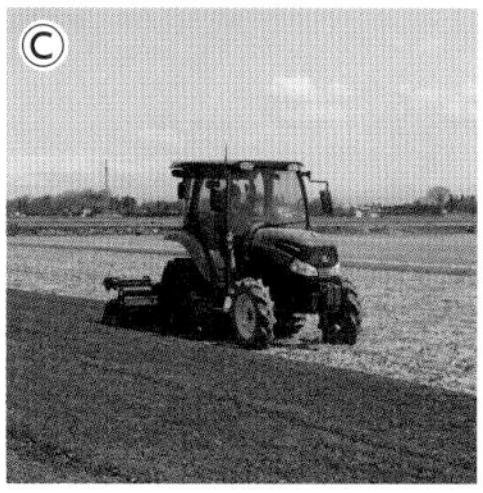
Ⓓ
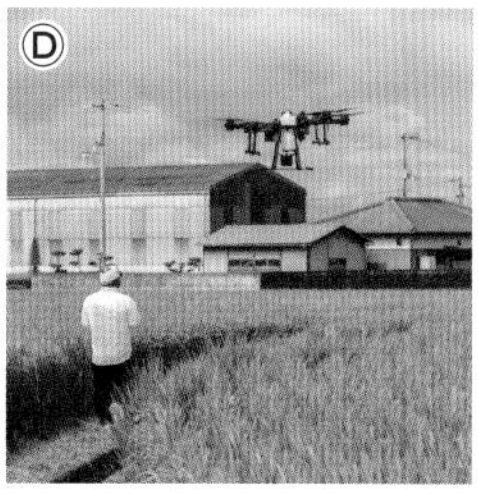

(1) Ⓐ～Ⓒの仕事について，次の問いに答えましょう。

① Ⓐ～Ⓒの仕事で使われている機械を，次からそれぞれ選びましょう。

Ⓐ（　　） Ⓑ（　　） Ⓒ（　　）

㋐ トラクター　㋑ 田植え機　㋒ コンバイン

② 機械を使いやすいように，水田の形を広く整えることを何といいますか。

（　　）

③ 機械化を進めることの長所と短所について，それぞれ簡単(かんたん)に書きましょう。

長所（　　）

短所（　　）

(2) Ⓐ～Ⓓの仕事を，1年の米づくりの作業の順番に並(なら)べかえましょう。

（　→　→　→　）

思考力トレーニング ふさわしい資料を考えよう

その地域(ちいき)で米づくりがさかんな理由を調べるために資料を集めます。関係がないと考えられる資料を，次から選びましょう。

（　　）

㋐ 地域(ちいき)の土地利用の様子

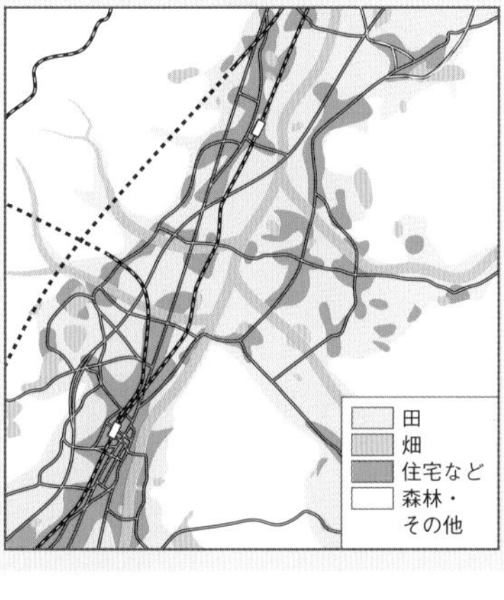
田
畑
住宅など
森林・その他

㋑ 地域(ちいき)の気候の様子

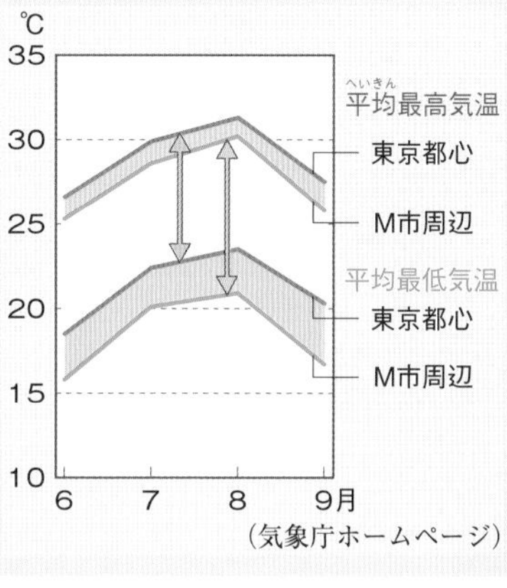
℃
35
30
25
20
15
10
6
7
8
9月
平均(へいきん)最高気温
東京都心
M市周辺
平均最低気温
東京都心
M市周辺

（気象庁ホームページ）

㋒ 地域(ちいき)の農作業の作業時間

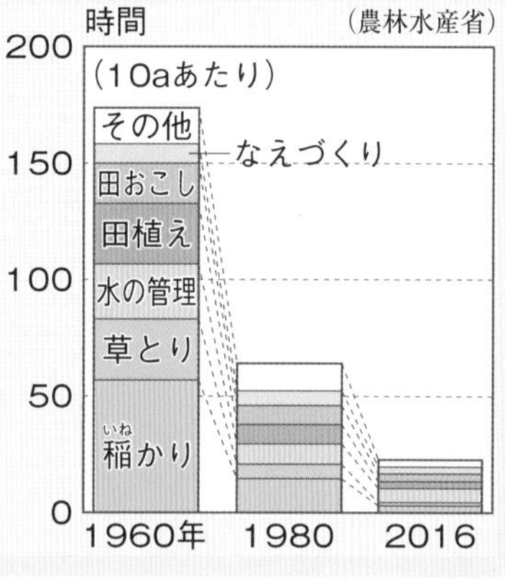
時間
(10aあたり)
200
150
100
50
0
その他
なえづくり
田おこし
田植え
水の管理
草とり
稲(いね)かり
1960年
1980
2016

（農林水産省）

7 野菜づくりとくだものづくり

標準レベル

トライ
しよう

1 野菜づくりがさかんな地域について調べています。資料を見て，◯◯にあてはまる言葉を書きましょう。

▼各都道府県の野菜の生産額

関東地方の各県で
近郊農業がさかん

■ 1000億円以上
■ 500億円以上～1000億円未満
■ 300億円以上～500億円未満
□ 300億円未満

(2019年)(「データでみる県勢」2022年版)

▼日本のおもな平野

十勝平野

関東平野

高知平野

● 十勝平野が広がる [①　　　　　] ，関東地方や九州地方で野菜づくりがさかん。

● [② 　　　　農業] …大都市が多い関東地方などでは，都市の消費者向けに野菜を生産している。輸送費が安く，新鮮な野菜をすぐに出荷できる。

▼北海道と都府県の耕地面積

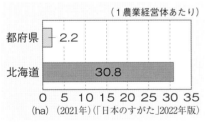

(1農業経営体あたり)

都府県 2.2
北海道 30.8

0　5　10　15　20　25　30　35
(ha)　(2021年)(「日本のすがた」2022年版)

▼北海道の畑

輪作を行うことで，農作物の病気を防いでいる。

▼北海道の畑でつくっている農作物(輪作の例)

	1年目	2年目	3年目	4年目	5年目
畑A	じゃがいも	小麦	てんさい	スイートコーン	あずき
畑B	小麦	てんさい	スイートコーン	あずき	じゃがいも

● 北海道は畑が広く，大きな機械を使った [③　　　　　　] な農業が行われている。

● じゃがいもをつくった次の年は小麦など，異なる農作物を順番につくる [④　　　　] を行う。

2 高知県の高知平野で行われている野菜づくりについて，グラフや図でまとめています。□にあてはまる言葉を書き，（　　）内の正しいほうを丸で囲みましょう。

▼高知市の気温と降水量

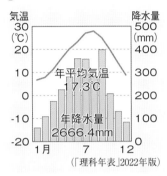

年平均気温 17.3℃
年降水量 2666.4mm
（「理科年表」2022年版）

▼高知平野のなすづくりのカレンダー

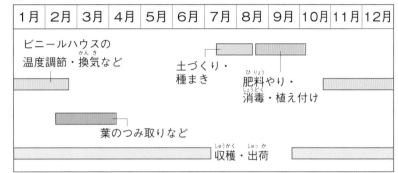

1月	2月	3月	4月	5月	6月	7月	8月	9月	10月	11月	12月

ビニールハウスの温度調節・換気など
土づくり・種まき
肥料やり・消毒・植え付け
葉のつみ取りなど
収穫・出荷

▼東京都の市場のなすの県別入荷先

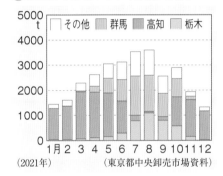

その他　群馬　高知　栃木
（2021年）　（東京都中央卸売市場資料）

●高知平野は冬でも
（① あたたかい・すずしい ）気候。

●この気候をいかして，②□□□□
などの施設を使って，なすをつくっている。

●ほかの地域からの出荷が（③ 多い・少ない ）
冬から春の時期になすを出荷している。

ノートにまとめる

● 野菜づくりがさかんな地域…関東地方や九州地方，
北海道などでとくにさかん。

● 地域の特色をいかした野菜づくり

▶近郊農業…大都市の近くで，大都市の消費者向
けに野菜などをつくる。輸送費が安くすむ。

▶促成さいばい…出荷時期を早めるくふうをして，
野菜を育てる。冬でもあたたかい気候の高知平
野や宮崎平野などでさかん。

▶抑制さいばい…出荷時期をおくらせるくふうを
して，野菜を育てる。夏でもすずしい気候の群
馬県や長野県の高原などでさかん。

▼野菜を運ぶトラック

低温で運べるので，産地から遠いところにも新鮮なまま野菜をとどけられる。

7 野菜づくりとくだものづくり

答え▶8ページ

標準 レベル　トライしよう

3 くだものづくりがさかんな地域について調べています。表を見て，みかんの生産量が多い都道府県に色をぬりましょう。また，□にあてはまる言葉を書き，（　）内の正しいほうを丸で囲みましょう。

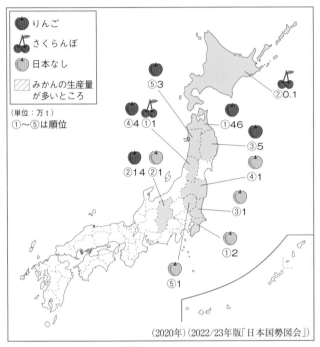

りんご
さくらんぼ
日本なし
みかんの生産量が多いところ

（単位：万t）
①～⑤は順位

⑤3
②0.1
④4 ①1　①46
②14 ②1　③5
④1
③1
①2
⑤1

	りんご		みかん	
1位	青森	46万t	和歌山	17万t
2位	長野	14万t	静岡	12万t
3位	岩手	5万t	愛媛	11万t
4位	山形	4万t	熊本	8万t
5位	秋田	3万t	長崎	5万t

●りんごは
（① あたたかい・すずしい ）
気候の地域で生産がさかん。
●みかんは
（② あたたかい・すずしい ）
気候の地域で生産がさかん。

（2020年）（2022/23年版「日本国勢図会」）

▼おもな都市の気温と降水量

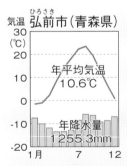

気温 弘前市（青森県）
年平均気温 10.6℃
年降水量 1255.3mm

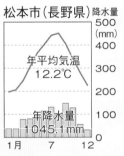

松本市（長野県）降水量
年平均気温 12.2℃
年降水量 1045.1mm

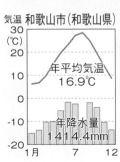

気温 和歌山市（和歌山県）
年平均気温 16.9℃
年降水量 1414.4mm

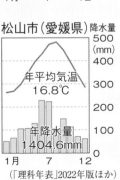

松山市（愛媛県）降水量
年平均気温 16.8℃
年降水量 1404.6mm

（「理科年表」2022年版ほか）

▼山のしゃ面のみかん畑

▼みかんの加工品の例

みかんジャム
みかんジュース

●みかんは，水はけがよく，日当たりのよい山の南向きの③□□□でつくられている。
●みかんは，④□□□やジュースなどにも加工して出荷している。

4 山梨県の甲府盆地でさかんなぶどうづくりのくふうについて，図や写真でまとめています。□にあてはまる言葉を書き，（　　）内の正しいほうを丸で囲みましょう。

▼甲府盆地の農家のぶどうづくりカレンダー

品種	1月	2月	3月	4月	5月	6月	7月	8月	9月	10月	11月	12月
デラウェア（ハウス）			ハウスかけ				収穫・出荷			余分な枝を切る		
			つぶの間引きなど								肥料かけ	
巨峰		余分な枝を切る					収穫・出荷			肥料かけ		
				つぶの間引きなど								
甲州		余分な枝を切る					収穫・出荷				肥料かけ	
				つぶの間引きなど								

▼ぶどうの収穫

● ぶどうの収穫は手作業で手間がかかるので，収穫の時期が（① 重なる・重ならない ）ように数種類のぶどうを育てている。

● ハウスかけをしたり，余分な ②□ を切ったりする作業がある。

ノートにまとめる

● くだものづくりに適した地域…降水量が少なく，水はけがよいところ。

　▶ りんご…すずしい地域。青森県や長野県。

　▶ みかん…あたたかい地域。和歌山県や静岡県。

　▶ ぶどう・もも…山梨県が生産量日本一。甲府盆地は水はけがよく，昼と夜の気温差が大きいため，あまくておいしいぶどうやももができる。

　▶ その他のくだもの…さくらんぼは山形県，日本なしは千葉県や長野県でさかんに生産。

● くだものづくりのくふう…農薬を使う量をおさえるなど，安心して食べられるくだものづくり。

▼選果場

収穫したくだものをセンサーで検査し，大きさ・色・形・あまさなどによって分ける。

学習した日　　月　　日

7 野菜づくりとくだものづくり

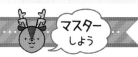

答え▶8ページ

ハイレベル　マスターしょう

1 野菜づくりがさかんな地域について，資料を見て，次の問いに答えましょう。

資料1 おもな野菜の生産量が多い都道府県

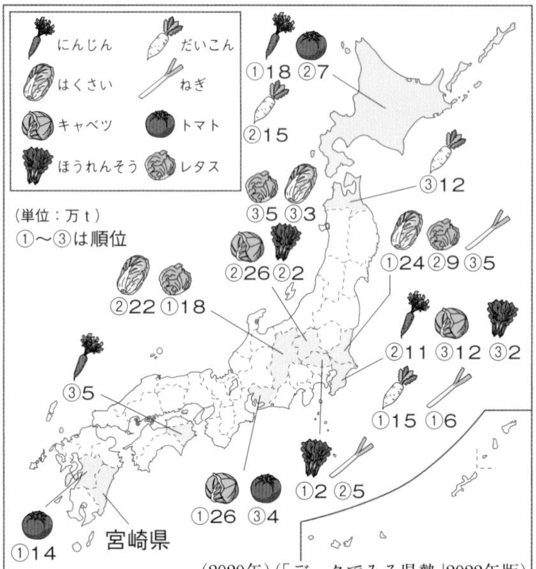

にんじん
だいこん
はくさい
ねぎ
キャベツ
トマト
ほうれんそう
レタス
(単位：万t)
①〜③は順位
①18 ②7
②15
③12
③5 ③3
①24 ②9 ③5
②26 ②2
②22 ①18
②11 ③12 ③2
③5
①15 ①6
①2 ②5
①26 ③4
①14
宮崎県

(2020年)(「データでみる県勢」2022年版)

(1) **資料1**を見て，次の野菜の生産量が日本一の都道府県を書きましょう。

① ねぎ（　　　　）

② にんじん（　　　　）

③ トマト（　　　　）

④ はくさい（　　　　）

(2) 関東地方の都県で，野菜づくりがさかんな理由を，「大都市」の語句を用いて簡単に書きましょう。

（　　　　）

(3) レタスづくりについて，**資料2**を見て，次の問いに答えましょう。

① 東京都の市場が長野県からレタスを多く入荷している季節は，四季のうちではいつですか。

（　　　　）

② 長野県でさかんな，夏でもすずしい気候をいかして，出荷時期をおくらせる野菜づくりは，促成さいばい，抑制さいばいのどちらにあたりますか。

（　　　　）

資料2 東京都の市場のレタスの県別入荷先

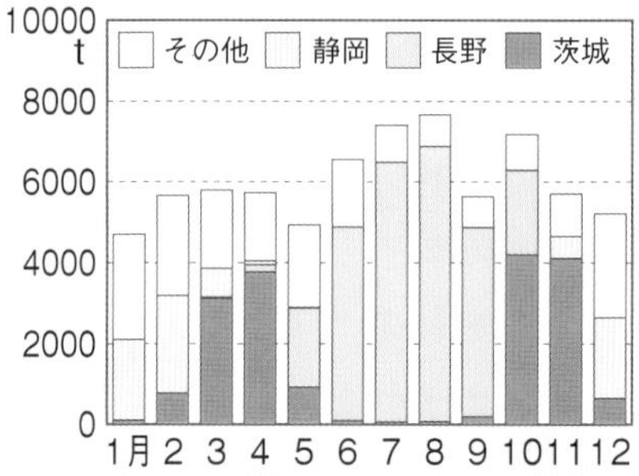

10000 t
8000
6000
4000
2000
0
その他
静岡
長野
茨城
1月 2 3 4 5 6 7 8 9 10 11 12

(2021年)　(東京都中央卸売市場資料)

(4) **資料1**中の宮崎県の宮崎平野で行われている野菜づくりについて，次の問いに答えましょう。

① 宮崎平野に多く見られる，右の**資料3**の施設を何といいますか。

（　　　　）

② 宮崎平野でさかんにつくられている野菜を，次から2つ選びましょう。

（　　　　）（　　　　）

㋐ ピーマン　㋑ たまねぎ　㋒ ブロッコリー　㋓ きゅうり

資料3

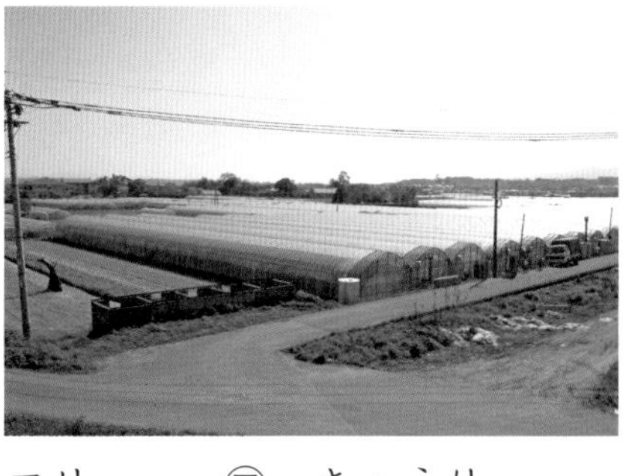

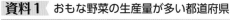

もの知り
❓クイズ
の答え

Q1 京都府
Q2 イ
Q3 ウ
Q4 かきの葉ずし

Q1 賀茂なすなどの京都で古くからつくられている野菜は，京野菜と呼ばれているよ。Q2 桜島だいこんは重さが30kgをこえるものもあるんだ。Q4 かきの葉ずしは，さばなどを塩でしめて，酢飯とともにかきの葉で包んだおすしだよ。

2 次の表は，おもなくだものの生産量上位の都道府県を示したものです。これを見て，あとの問いに答えましょう。

（2020年）	ぶどう	もも	りんご	みかん
1位	Ⓐ	Ⓐ	Ⓓ	和歌山県
2位	Ⓑ	Ⓒ	Ⓑ	静岡県
3位	山形県	Ⓑ	岩手県	愛媛県
4位	岡山県	山形県	山形県	熊本県
5位	北海道	和歌山県	秋田県	長崎県

(1) 表中のⒶ～Ⓓにあてはまる都道府県を，次からそれぞれ選びましょう。

Ⓐ（　　　　） Ⓑ（　　　　） Ⓒ（　　　　） Ⓓ（　　　　）

㋐　青森県　　㋑　山梨県　　㋒　長野県　　㋓　福島県

(2) 右の写真は，表中の和歌山県で見られるみかん畑です。和歌山県では，南向きの山のしゃ面に，みかん畑が多くつくられていますが，その理由を簡単に書きましょう。

（　　　　　　　　　　　　　　　　　　　　　）

💡**思考力トレーニング**　資料をくらべよう

次の**資料1・2**を見て，高知県の農家が，東京都の市場におもに冬になすを出荷することの利点を簡単に書きましょう。

（　　　　　　　　　　　　　　　　　　　　　　　　　　　　　　　　　）

資料1 東京都の市場のなすの県別入荷先

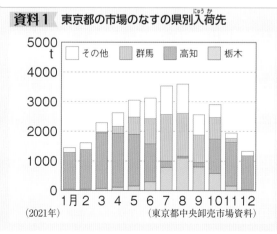

（2021年）　　　　（東京都中央卸売市場資料）

資料2 東京都の市場でのなすの値段

（2021年）　　　　（東京都中央卸売市場資料）

答え▶9ページ

8 水産業と畜産業

標準 レベル　　トライ しよう

1 水産業がさかんな地域について調べています。資料を見て、◯◯にあてはまる言葉を書き、（　　）内の正しいほうを丸で囲みましょう。

▼おもな漁港の水あげ量とまわりでとれる魚かい

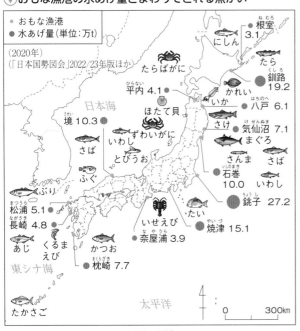

・おもな漁港
●水あげ量（単位：万t）

（2020年）
「日本国勢図会」2022/23年版ほか

根室 3.1
にしん
たらばがに
たら
釧路 19.2
平内 4.1
かれい
ほたて貝
いか
八戸 6.1
境 10.3
さけ
気仙沼 7.1
ずわいがに
まぐろ
いわし
とびうお
さんま
さば
ふぐ
石巻 10.0
いわし
ぶり
銚子 27.2
松浦 5.1
たい
長崎 4.8
いせえび
焼津 15.1
あじ
くるまえび
奈屋浦 3.9
かつお
枕崎 7.7
たかさご

日本海
東シナ海
太平洋
0　300km

▼日本の漁業生産量のうつり変わり

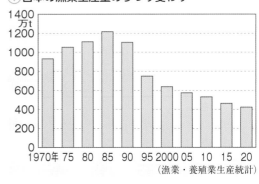

（漁業・養殖業生産統計）

●日本の漁業生産量は年々
（① 増えている・減っている ）。
●水あげ量が多い漁港は、とくに
（② 日本海側・太平洋側 ）に多い。

▼日本のまわりの海流と潮目（潮境）

← 暖流
◄ 寒流

オホーツク海
リマン海流
親潮（千島海流）
日本海
対馬海流
潮目
大陸だなが広がる
東シナ海
黒潮（日本海流）
太平洋
0　300km

▼大陸だな

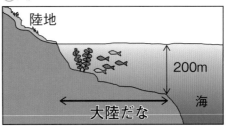

陸地
200m
海
大陸だな

好漁場となっているところ

●寒流の ③◯◯◯◯ と
暖流の黒潮がぶつかる潮目。
●水深が200mくらいまでの
④◯◯◯◯。

2 漁業の種類について，表や図でまとめています。表中の◯◯にあてはまる言葉を書きましょう。

▼とる漁業

遠洋漁業	大型船で，遠くの海で長期間行う漁。
沖合漁業	10 t 以上の船で，数日がかりで行う漁。
沿岸漁業	10 t 未満の船で行う漁や，定置あみ漁，地引きあみ漁。

▼つくり育てる漁業

①	魚や貝を，いけすなどで大きくなるまで育てて出荷する。計画的に生産できるため収入は安定するが，えさ代が高い。
②	魚や貝を人の手で卵からかえして川や海に放流し，大きくなってからとる。

▼養しょく　　　　　▼さいばい漁業

ノートにまとめる

- 水産業…海や川などにいる魚かいをとったり，育てたりする産業。日本は魚かいの消費量が多い。
- 漁業の種類…とる漁業（遠洋・沖合・沿岸漁業）と，つくり育てる漁業（養しょく・さいばい漁業）。
- 漁法…とる魚や船の種類，漁場によって異なる。まきあみ漁，ぼう受けあみ漁，はえなわ漁など。
- 魚がとどくまで…水あげ→漁港でのせり→トラックで出荷→出荷先の市場→スーパーマーケット。
- 水産加工…とれた魚かいは，かまぼこやかんづめなどにも加工されて出荷される。

▼まきあみ漁

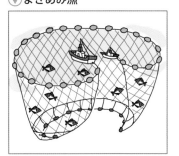

あみで魚を取り囲み，あみの口をしぼりながら，魚を引き上げる。

答え▶9ページ

標準レベル　トライしよう

③ 日本の漁業種類別の生産量の変化や，水産業の課題について調べています。表を見て，水産物の輸入量の変化のグラフを完成させましょう。また，◯◯にあてはまる言葉を書き，（　　）内の正しいほうを丸で囲みましょう。

▼漁業種類別の生産量の変化

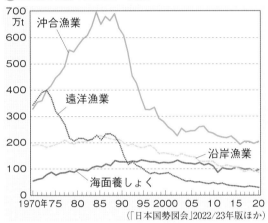

（「日本国勢図会」2022/23年版ほか）

● ① ◯◯◯漁業 は，1970年代から大きく減り，現在最も少ない。

● ② ◯◯◯漁業 は，現在最も多いが，1990年前後から大きく減った。

● ③ ◯◯◯漁業 も年々減っていて，現在は養しょくと同じぐらい。

▼水産物の輸入量の変化

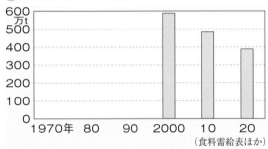

（食料需給表ほか）

年	（万t）
1970	75
1980	169
1990	382
2000	588

年	（万t）
2010	484
2020	389

（食料需給表ほか）

▼漁業で働く人の数の変化（年齢別）

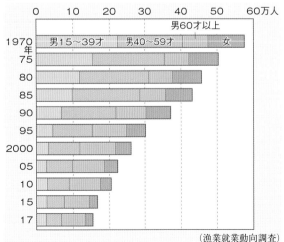

（漁業就業動向調査）

日本の水産業の課題

● 日本の水産物の輸入量は，1970年とくらべると，大きく（④ 増えている・減っている ）。

● 漁業で働く人の数は，年々（⑤ 増えている・減っている ）。

● 漁業で働く人は，とくに（⑥ 高齢の人・わかい人 ）が減っている。

もの知りクイズ

Q3 佐賀県唐津市呼子で，高速で回して干物に加工されているものは？

Q4 ブランド牛として有名な松阪牛。牛の食欲をそそるために何を飲ませる？

ア ビール　イ コーラ　ウ お茶

4 畜産業がさかんな地域や，畜産業の課題についてまとめています。□にあてはまる言葉を書き，（　）内の正しいほうを丸で囲みましょう。

▼都道府県別の畜産業の生産額

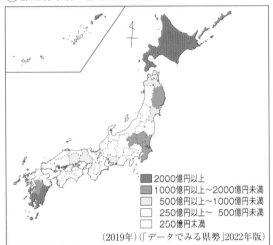

2000億円以上
1000億円以上〜2000億円未満
500億円以上〜1000億円未満
250億円以上〜 500億円未満
250億円未満

(2019年)(「データでみる県勢」2022年版)

▼国内で使用される飼料

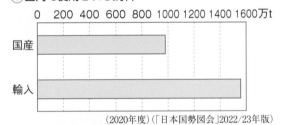

(2020年度)(「日本国勢図会」2022/23年版)

▼乳牛の飼育戸数と飼育頭数の変化

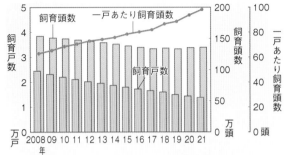

(「日本国勢図会」2022/23年版)

畜産業がさかんな地域

●北海道，宮崎県，①□ でとくに生産額が多い。

畜産業の課題

●飼育戸数が減り，一戸あたり飼育頭数は（② 増えている・減っている ）。
●家畜のえさになる飼料は，（③ 国産・輸入 ）にたよっている。

ノートにまとめる

●水産業の課題…各国の200海里水域の設定や魚のとりすぎにより生産量が減少。働く人の高齢化。
▶200海里水域…沿岸国に水産・鉱産資源の権利。
●畜産業がさかんなところ…牧草を育てる広い土地が必要→北海道の根釧台地，九州のシラス台地。
●畜産業のくふう…消費者が安心して食べられるようにトレーサビリティのしくみを導入。安い外国産の畜産物に対抗して，ブランド化を進める。
●畜産業の課題…飼料代が高い。口蹄疫や鳥インフルエンザなどの家畜の病気で被害が出る。

▼肉牛の品評会

松阪牛や近江牛など，各地で高品質のブランド牛が飼育されている。

8 水産業と畜産業

答え▶9ページ

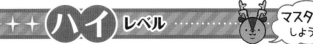

ハイレベル　マスターしよう

1 とる漁業と，つくり育てる漁業の養しょくの特色について調べています。次の2つの資料を見て，あとの問いに答えましょう。

資料1 さんまの生産量のうつり変わり

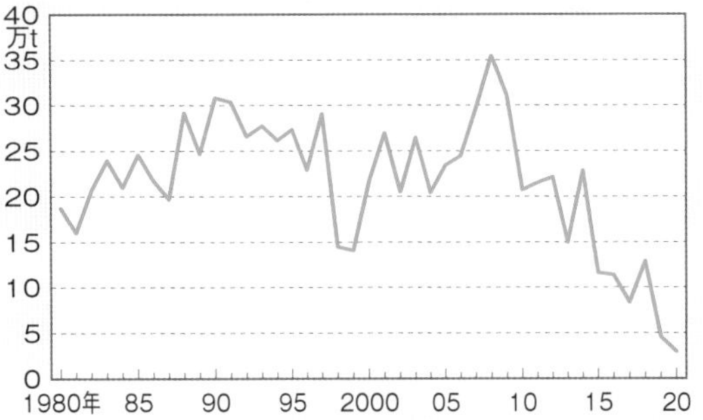

（農林水産省）

資料2 養しょくのぶりの生産量のうつり変わり

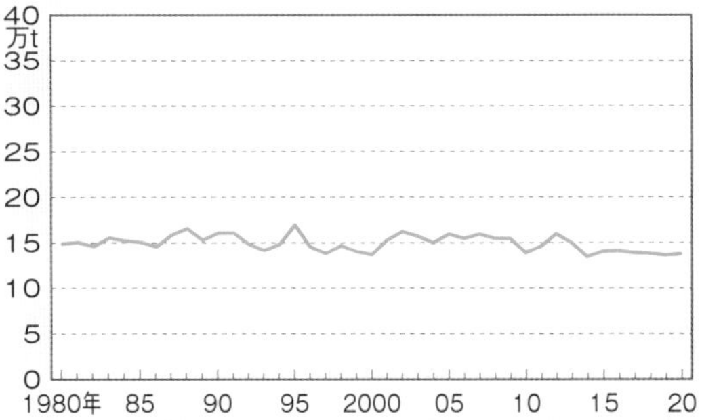

（農林水産省）

(1) さんまの生産量と，養しょくのぶりの生産量はどのように変わっていますか。次からそれぞれ選びましょう。 さんま（　　　） 養しょくのぶり（　　　）

㋐ 大きな変化はない。　㋑ 年々増(ふ)えている。
㋒ 年によって大きく増(ふ)えたり減(へ)ったりしている。　㋓ 年々減(へ)っている。

(2) **資料1・2**からわかる養しょくの長所を，「収入(しゅうにゅう)」の語句(ごく)を用いて簡単(かんたん)に書きましょう。

（　　　　　　　　　　　　　　　　　　　　　）

2 漁業種類別の生産量の変化を示(しめ)した右のグラフを見て，次の問いに答えましょう。

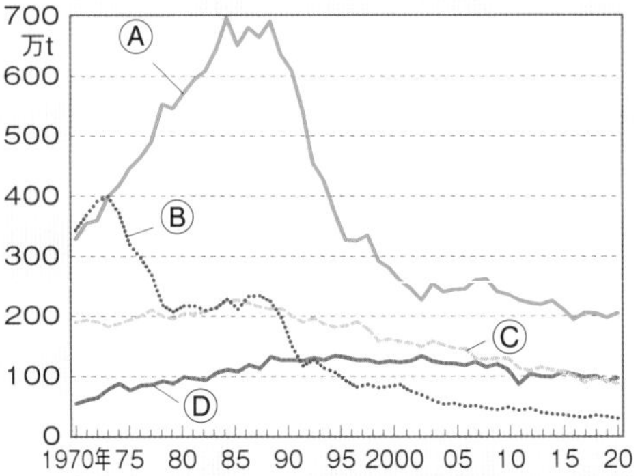

（「日本国勢図会」2022/23年版）

(1) 次の各文にあてはまる，とる漁業の種類を答えましょう。また，その生産量を示(しめ)しているものを，右のグラフ中からそれぞれ選びましょう。

① 大型船で，遠くの海で長期間行う漁。
種類（　　　　　）記号（　　）

② 10ｔ以上の船で，数日がかりで行う漁。
種類（　　　　　）記号（　　）

③ 10ｔ未満の船で行う漁や，定置あみ漁，地引きあみ漁。
種類（　　　　　）記号（　　）

(2) 1970年代に，グラフ中のⒷの漁業の生産量が大きく減(へ)った理由を，「200海里水域(すいいき)」の語句(ごく)を用いて簡単(かんたん)に書きましょう。

（　　　　　　　　　　　　　　　　　　　　　）

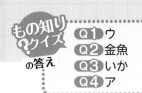

もの知りクイズの答え
Q1 ウ
Q2 金魚
Q3 いか
Q4 ア

Q1 ふくろせりと呼ばれ，ふくろの中で手をにぎり合って値段を伝えるよ。
Q2 金魚すくいに多いのはワキンという品種なんだ。Q3 呼子のいかは唐津市の特産品。Q4 松阪牛は，しょうちゅうをふきかけてマッサージもするんだ。

❸ 右の地図は，おもな家畜の飼育数上位の都道府県を示しています。これを見て，次の問いに答えましょう。

(1) 次の家畜の飼育数が日本一の都道府県の名前を書きましょう。

① 乳牛　（　　　　　　　　）

② 肉牛　（　　　　　　　　）

③ ぶた　（　　　　　　　　）

④ 肉用にわとり（　　　　　　）

(2) 大規模な畜産が行われている，地図中の④，Ⓑの台地の名前を書きましょう。

④（　　　　　　　　）

Ⓑ（　　　　　　　　）

(3) 日本の畜産業の課題として誤っているものを，次から選びましょう。

（　　　）

㋐ 家畜のえさは輸入にたよっている。　㋑ 飼料代が高い。
㋒ 国産の牛肉は質が低下している。　㋓ 伝染病で被害が出る。

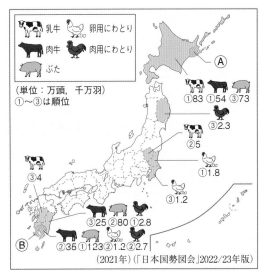

乳牛　卵用にわとり
肉牛　肉用にわとり
ぶた

（単位：万頭，千万羽）
①～③は順位

Ⓐ
①83 ①54 ③73
③2.3
②5
①1.8
④4
③1.2
③25 ②80 ①2.8
Ⓑ
②35 ①123 ②1.2 ②2.7

(2021年)（「日本国勢図会」2022/23年版）

💡 思考力トレーニング　問題文を考えよう

あとの答えになる問題文を考えましょう。

（　　　　　　　　　　　　　　　　　　　　　　　　　）

資料1　植林する漁師

資料2　森と海のつながり

山に木を植える
腐葉土
栄養分
川
栄養分
植物性プランクトン
動物性プランクトン
貝
魚

⚠ ヒント
植林すると土の栄養分が増えるんだ。プランクトンは，魚や貝のえさとなるよ。

答え　土の栄養分が海へ流れこみ，プランクトンが増えて多くの魚を育むから。

43

3章 日本の食料生産

答え▶10ページ

9 日本の食料生産

＊＊＊ 標準 レベル ＊＊＊　トライしよう

1 食生活の変化と，食料の輸入や食料自給率との関係について調べています。表をもとに，おもな食料の消費量のうつり変わりのグラフを完成させましょう。また，□ にあてはまる言葉を書きましょう。

▽おもな食料の消費量のうつり変わり

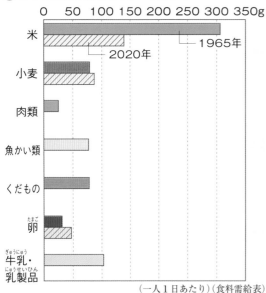

（一人1日あたり）（食料需給表）

	1965年	2020年
米	306	139
小麦	79	87
肉類	25	92
魚かい類	77	64

	1965年	2020年
くだもの	78	94
卵	31	47
牛乳・乳製品	103	258

（一人1日あたり）単位（g）
（食料需給表）

食生活の変化

● ①[　　　　] の消費量が大きく減った。

● ②[　　　　] や牛乳・乳製品の消費量は大きく増えた。

● 小麦やくだものの消費量も増えた。

▽おもな食料の輸入量のうつり変わり

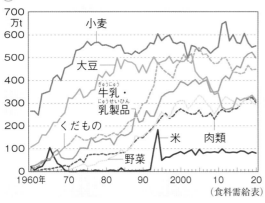

（食料需給表）

▽おもな食料の自給率のうつり変わり

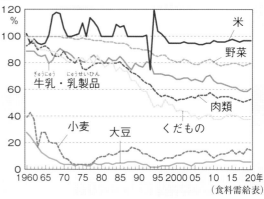

（食料需給表）

● 消費量が増えた食料の ③[　　　　] が増えている。

● 消費量が増えた食料の ④[　　　　] が下がっている。

● 日本国内でほぼ自給できているのは米ぐらい。

もの知り?クイズ

Q1 おすしのネタで人気のサーモンの最大の輸入先は？
　　ア　中国　　イ　マレーシア　　ウ　タイ　　エ　チリ

Q2 ゆめちから，ハナマンテン，せときららなどの品種がある農作物は？

2 食料生産に関わるさまざまな取り組みについて，写真やグラフでまとめています。□にあてはまる言葉を書きましょう。

▽スーパーマーケットの野菜売り場

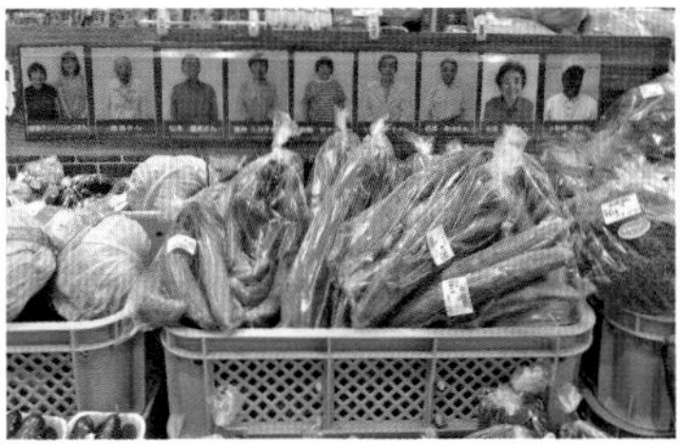

▽牛肉のラベル

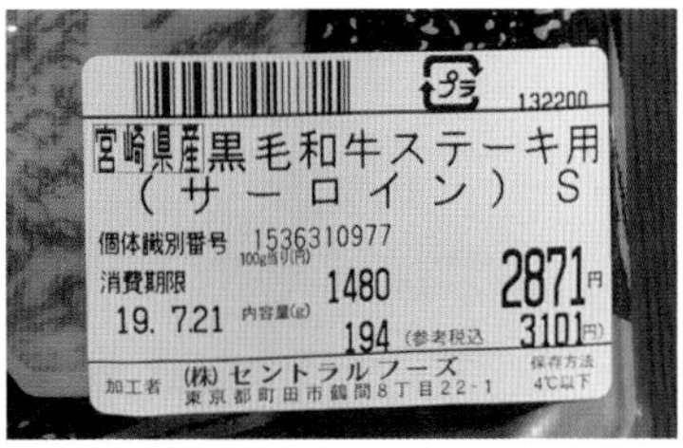

▽地域の直売所

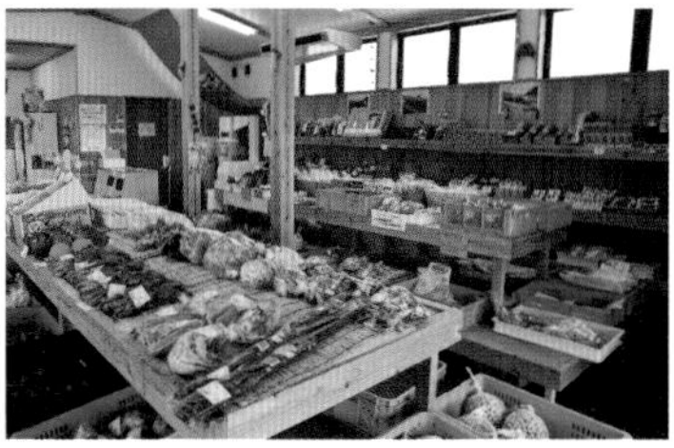

▽日本産の農作物の輸出額のうつり変わり

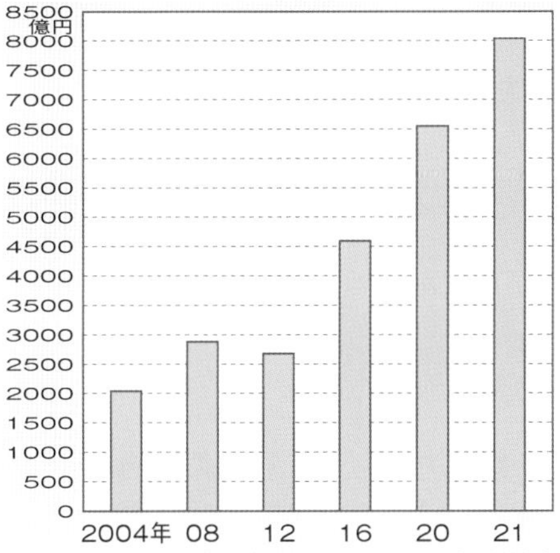

（農林水産物・食品の輸出に関する統計情報）

- 食の安全・安心のため，だれがつくったかわかるように売り場に写真を表示していたり，①□番号で牛の産地やどのように育てられたかがわかるようになっていたりする。
- 食料の自給率を上げるため，地域でとれた農作物を地域の②□で売っている。
- 高品質で安全な日本の農作物の③□が増えている。

ノートにまとめる

- 食生活の変化と食料の輸入
  - ▶食生活の変化…洋食を食べる機会が増えた。
  - ▶**輸入の増加**…安い外国産の農作物を大量に輸入。
  - ▶食料自給率…国内で消費する食料のうち，国内で生産する食料の割合。**日本は食料自給率が低い。**
- 食料生産の課題…農業や水産業で働く人が減少。輸入相手国で災害などがあると，食料を輸入できなくなる。
- 新たな取り組み…自給率を上げる取り組みなど。
  - ▶地産地消…地域で生産した食料を地域で消費。
- トレーサビリティ…産地や生産方法などがわかる。

▽スーパーマーケットを運営する会社の大農場

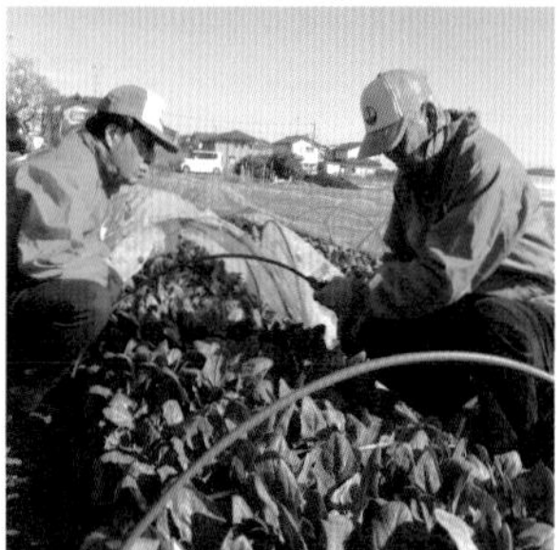

生産から販売までをすべて管理し，高品質・低価格の農作物を提供。

3章 日本の食料生産

9 日本の食料生産

答え▶10ページ

ハイ レベル　マスターしよう

❶ 食生活の変化や食料の輸入の変化について，次の資料を見て，あとの問いに答えましょう。

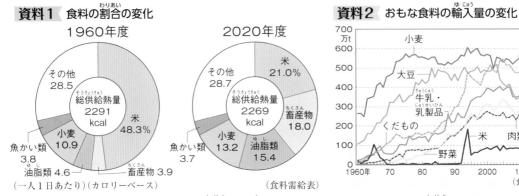

資料1　食料の割合の変化

1960年度

その他 28.5 ／ 総供給総熱量 2291 kcal ／ 米 48.3% ／ 小麦 10.9 ／ 魚かい類 3.8 ／ 油脂類 4.6 ／ 畜産物 3.9

2020年度

その他 28.7 ／ 米 21.0% ／ 総供給総熱量 2269 kcal ／ 畜産物 18.0 ／ 油脂類 15.4 ／ 小麦 13.2 ／ 魚かい類 3.7

（一人1日あたり）（カロリーベース）　（食料需給表）

資料2　おもな食料の輸入量の変化

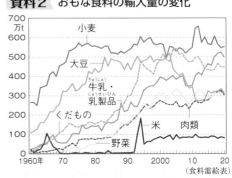

小麦／大豆／牛乳・乳製品／くだもの／米／肉類／野菜

1960年 70 80 90 2000 10 20 （食料需給表）

(1) 資料1について，①最も割合が増えているものと，②最も割合が減っているものをそれぞれ選びましょう。

①（　　　　　　　　　）　②（　　　　　　　　　）

(2) 資料2について，①2020年の輸入量が最も多いものと，②2020年の輸入量が最も少ないものをそれぞれ選びましょう。

①（　　　　　　　　　）　②（　　　　　　　　　）

(3) 資料1・2から考えられることをまとめた次の文章の（　　）にあてはまる言葉を書きましょう。

①（　　　　　　　）　②（　　　　　　　）　③（　　　　　　　）

> 日本では，和食だけでなく（ ① ）食を食べることが増えたため，パンの原料となる（ ② ）をはじめ，肉類や（ ③ ）などの畜産物の輸入量が大きく増えた。

(4) 食料を外国からの輸入にたよりすぎることの問題点として誤っているものを，次から選びましょう。　　　　　　　　　　　　　　　　（　　　　）

　㋐ 外国で災害があったときなどに輸入できなくなり，食料が足りなくなる。

　㋑ 外国産の食料は高いので，お金によゆうがないと食料を買えなくなる。

　㋒ 食料を遠くから運ぶための燃料の使用などにより環境に負担がかかる。

　㋓ 日本で禁止されている農薬が使われていて問題になることがある。

(5) 消費者が安心して食料を買うことができるように，国内の農家が行っている取り組みを1つ書きましょう。

（　　　　　　　　　　　　　　　　　　　　　　　　　　　　　　　　）

❷ おもな食料の自給率のうつり変わりを示した右のグラフを見て，次の問いに答えましょう。

(1) 食料自給率とはどのような割合ですか。簡単に書きましょう。

（　　　　　　　　　　　　）

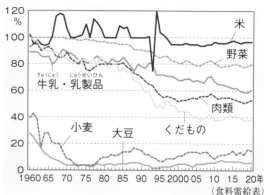

（食料需給表）

(2) 次の文にあてはまる食料を，グラフ中からそれぞれ選びましょう。

① 国内の生産でほぼ自給できている。

（　　　　　　　　　）

② 自給率がとくに低い食料の1つで，みそやとうふ，しょうゆの原料となる。

（　　　　　　　　　）

③ 自給率が下がり，この食料の生産に必要な飼料も輸入にたよっている。

（　　　　　　　　　）

(3) 食料自給率を上げるための取り組みの1つに「地産地消」があります。「地産地消」とはどのような取り組みですか。簡単に書きましょう。

（　　　　　　　　　　　　　　　　　　　　）

💡**思考力トレーニング**　どうするか考えよう

　まだ食べられるのに捨てられてしまう食料を「食品ロス」といいます。「食品ロス」を減らすために，私たちができることはないでしょうか。スーパーマーケットに買い物に行くときに，気をつけるとよいことを書きましょう。

減らそう食品ロス！
約13億t 世界で捨てられている食料
約522万t 日本で捨てられている食料
国連の機関の食料支援量 約420万t

買い物に行く前に気をつけること

買い物のときに気をつけること

特集 めざせ　社会の博士❸

答え▶10ページ

地域のごはんを食べてみよう

次の地図は，都道府県の郷土料理をしょうかいしています。また，表はその中からいくつかをピックアップして，材料や調理法をまとめたものです。地図を見て，表中の◯◯にあてはまる料理名をすべて書きましょう。

石狩鍋

にしんそば

いも煮

じぶ煮

のっぺ

いぶりがっこ

ふぐ刺し

岡山
ばらずし

おやき

からし
れんこん

しじみ汁

ふな
ずし

ずんだもち

あんこう鍋

深川めし

五平もち

たいめし

海軍カレー

冷や汁

かつおの
たたき

白熊

柿の葉ずし

0　　　200km

ゴーヤーチャンプルー

名前	石狩鍋（いしかりなべ）
北海道	
さけの身とあら，とうふ，たまねぎやキャベツなどの野菜をみそ味でにこんだ鍋料理。	

名前	①
秋田県	
だいこんをいろりの上につるしてけむりでいぶし，そのあと米ぬかや塩でつけたつけ物。	

名前	ずんだもち

宮城県

すりつぶした枝豆（ずんだ）をあまく味つけしてあんにし，そのあんをもちにまぶしたもの。

名前	深川めし

東京都

さっとにたあさりのむき身をごはんにのせて食べる。江戸時代，東京湾ではあさりが多くとれた。

名前	②

長野県

小麦粉をこねてつくった皮で野菜や山菜などの具を包み，焼いたりむしたりしたもの。

名前	③

滋賀県

塩と米で発酵させてつくる熟れ寿司の１つで，琵琶湖でとれたふなを材料としている。

名前	ふぐ刺し

山口県

うすづくりにしたふぐを，薬味といっしょにポン酢で食べる。ふぐは山口県の県の魚。

名前	かつおのたたき

高知県

かつおの表面をわら焼きであぶり，にんにくやねぎといっしょにしょうゆダレか塩で食べる。

名前	④

熊本県

れんこんをゆでて，その穴にからしみそをつめたあとに，衣をつけてあげる。

名前	⑤

沖縄県

ゴーヤー（にがうり）と豚肉などをいためた料理。チャンプルーは「混ぜこぜにする」という意味。

答え▶11ページ

10 工業の種類と日本の工業

標準 レベル　　　トライしよう

1 おもな工業地帯・地域について，地図やグラフでまとめています。太平洋ベルトの正しい位置を，地図中のⒶ〜Ⓒから1つ選んでなぞりましょう。また，資料を見て，あとの◯にあてはまる言葉を書きましょう。

▼おもな工業地帯・地域の工業生産額

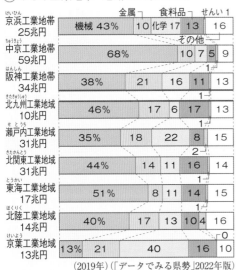

工業地帯・地域	機械	金属	化学	食料品	せんい	その他
京浜工業地帯 25兆円	機械 43%	10	化学 17	13	1	16
中京工業地帯 59兆円	68%	10	7	5	1	9
阪神工業地帯 34兆円	38%	21	16	11	1	13
北九州工業地域 10兆円	46%	17	6	17	1	13
瀬戸内工業地域 31兆円	35%	18	22	8	1	15
北関東工業地域 31兆円	44%	14	11	16	1	14
東海工業地域 17兆円	51%	8	11	14	1	15
北陸工業地域 14兆円	40%	17	13	10	4	16
京葉工業地域 13兆円	13%	21	40	16	0	10

(2019年) (「データでみる県勢」2022年版)

▼臨海部に広がる工業地域

大きな船をとめられ，原料や燃料の輸入，工業製品の輸送に便利。

▼おもな工業地帯・地域の位置

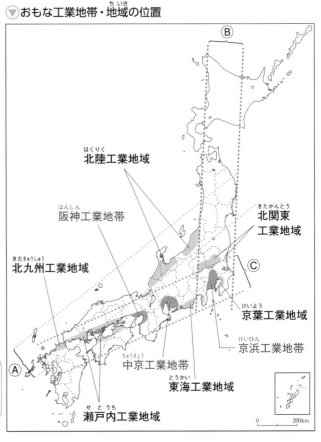

北陸工業地域
阪神工業地帯
北九州工業地域
北関東工業地域
京葉工業地域
京浜工業地帯
中京工業地帯
東海工業地帯
瀬戸内工業地域

Ⓐ　Ⓑ　Ⓒ

0　　200km

●関東地方南部から九州北部にかけての太平洋ベルトに工業地帯・地域が集中。

●工業生産額日本一は① ［　工業地帯　］，ついで② ［　工業地帯　］，瀬戸内工業地域の順となっている。

●多くの工業地帯・地域で③ ［　工業　］の割合が最も高く，京葉工業地域だけ④ ［　工業　］の割合が最も高くなっている。

2 次の表は，おもな工業製品を工業の種類で分類したものです。□にあてはまる工業製品を，あとからそれぞれ選びましょう。

重化学工業			軽工業		
重工業（機械・金属）と化学工業			おもに日常生活で使う製品をつくる工業		
機械工業	金属工業	化学工業	食料品工業	せんい工業	その他の工業
自動車	電線	ガソリン	食パン	シャツ	ベッド
パソコン	レール	洗ざい	ジュース	毛糸	トイレットペーパー
①	②	③	④	⑤	⑥

カップめん　薬　焼き物　冷蔵庫　はさみ　ズボン

ノートにまとめる

- 工業…自然の中にある資源に道具や機械で手を加え，形や性質を変えたり，組み立てたりして，生活に役立つものをつくる産業。
  - ▶重化学工業…機械・金属・化学工業。
  - ▶軽工業…食料品・せんい・その他の工業。
- 工業の中心…昔はせんい工業，現在は機械工業。
- 工業地帯・地域…太平洋ベルトに多い。近年は内陸部にも進出。中京・京浜・阪神工業地帯，京葉・北関東・東海・瀬戸内・北九州・北陸工業地域。
- 工場…大工場と中小工場に分けられる。
  - ▶大工場…働く人が300人以上。設備が充実。
  - ▶中小工場…300人未満。日本の工場のほとんど。

▼大工場と中小工場のひかく

工場の数　338238

中小工場 99.0	
大工場 1.0%	

働く人の数　802万人

32.7%	67.3

生産額　325兆円

52.6%	47.4

(2019年)（「日本国勢図会」2022/23年版）

4章 日本の工業生産

10 工業の種類と日本の工業

答え▶11ページ

① おもな工業地帯・地域について，次の資料を見て，あとの問いに答えましょう。

資料1 おもな工業地帯・地域の工業生産額

工業地帯・地域	機械	金属	化学	食料品	せんい	その他
京浜工業地帯 25兆円	機械 43%	10	化学 17	13	せんい 1	16
中京工業地帯 59兆円	68%		10	7	5	9
阪神工業地帯 34兆円	38%	21	16	11	1	13
瀬戸内工業地域 31兆円	35%	18	22	8	1	15
北関東工業地域 31兆円	44%	14	11	16	2	14
東海工業地域 17兆円	51%	8	11	14	1	15
京葉工業地域 13兆円	13%	21	40	16	0	10

(2019年)(「データでみる県勢」2022年版)

資料2 おもな工業地帯・地域の位置

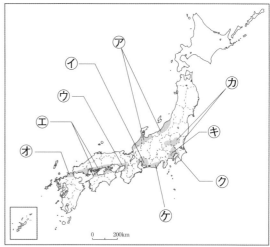

0　200km

(1) 次の文にあてはまる工業地帯・地域を**資料1**中からそれぞれ選びましょう。また，その工業地帯・地域の位置を**資料2**中からそれぞれ選びましょう。

① 工業生産額はあまり多くないが，化学工業の割合が最も高いことが特色である。（　　　　　）（　　　　）

② 瀬戸内海ぞいに発達した工業地帯・地域で，機械工業について化学工業の生産額が多い。（　　　　　）（　　　　）

③ 最も工業生産額が多い工業地帯・地域で，機械工業の生産額が7割近くをしめている。（　　　　　）（　　　　）

(2) 海ぞいに工業地帯・地域が発達する理由を簡単に書きましょう。

（　　　　　　　　　　　　　　　　　　　　　　　　　　　　　）

② 次の工業製品は，どの工業でつくられたものですか。　　　からそれぞれ選びましょう。

(1) 鉄板・ナット・電線・レール・はさみ（　　　　　）

(2) ジュース・かんづめ・食パン・スナック菓子（　　　　　）

(3) カメラ・自動車・電子レンジ・冷蔵庫・船（　　　　　）

(4) 洗ざい・薬・歯みがきこ・ガソリン・タイヤ（　　　　　）

(5) タオル・ズボン・シャツ・毛糸・織物（　　　　　）

機械工業	金属工業	化学工業	食料品工業	せんい工業

もの知り
？クイズ
の答え

Q1 人工衛星
Q2 阪神工業地帯

Q1 中小工場が集まって，得意分野をいかし協力して製品の開発に取り組んでいる地域があるよ。　**Q2** 第二次世界大戦後は京浜工業地帯が生産額日本一となったけど，工場移転などが進んで工業生産額は伸びなやんだんだ。

❸ 次の資料は，日本の工業の変化と大工場・中小工場をくらべたものです。資料を見て，あとの問いに答えましょう。

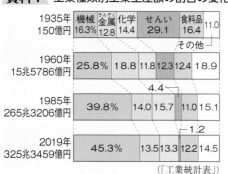

資料1 工業種類別工業生産額の割合の変化

（「工業統計表」）

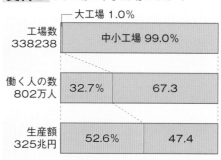

資料2 大工場と中小工場のひかく

（2019年）（「日本国勢図会」2022/23年版）

(1) **資料1**を見ると，2019年の工業生産額は1960年の約何倍になっていますか。

（　　　　　　　　　　　）

(2) **資料1**を見て，次の年に最も生産額が多い工業を答えましょう。

① 1935年（　　　　　　　）　② 2019年（　　　　　　　）

(3) **資料2**について，中小工場とくらべてかなり数が少ない大工場の生産額が中小工場より多い理由を簡単に書きましょう。

（　　　　　　　　　　　　　　　　　　　　　　　　　　　　　）

💡**思考力トレーニング**　資料をくらべよう

次の資料を見て，製鉄所とくらべたIC工場の分布の特色を簡単に答えましょう。

┌─────────────────────────────────────┐
│　　　　　　　　　　　　　　　　　　　　　　　│
└─────────────────────────────────────┘

資料1 製鉄所の分布

（2021年）（「日本国勢図会」2022/23年版）

資料2 IC工場の分布

（2021年）（「日本国勢図会」2022/23年版）

答え▶12ページ

11 自動車工業・製鉄業・石油化学工業

標準 レベル　　　トライしよう

1 自動車生産の流れや自動車工場で働く人について調べています。資料を見て，□にあてはまる言葉を書きましょう。

自動車生産の流れ（組み立てライン）

① □

プレス機で鉄板からドアやゆかなどの部品をつくる。

→

② □

ロボットを利用し，部品をつなぎ合わせて車体をつくる。

→

③ □

車体をあらったうえで，注文に合わせて車体に色をぬる。

↓

④ □

コンベヤーに乗ってくる車体に流れ作業で部品を取りつける。

→

検査

ブレーキのききや，水もれがないかなどをチェックする。

→

出荷

キャリアカーや自動車専用船を利用して，販売店まで車を運ぶ。

プレス 　ようせつ 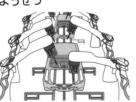　とそう 　組み立て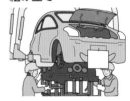

自動車工場のスケジュール（交代勤務の例）

	朝からの勤務									夜からの勤務								
7時	8	9	10	11	12	1	2	3	4	5	6	7	8	9	10	11	12	1 2 3 4 5 6
午前				午後												午前		
勤務		休憩 勤務	食事	勤務	勤務				勤務		休憩 勤務	食事	勤務	休憩 勤務				

● ミスやけががおきないように，2時間おきに⑤ □ をとっている。

● 工場を効率よく動かすために，朝と夜で⑥ □ で働いている。

もの知り❓クイズ
Q1 自動車はおよそ何個の部品からできている？
Q2 日本で初めてつくられたガソリン自動車の名前は？
　　　ア　マッハ号　　イ　ガタゴト号　　ウ　タクリー号　　エ　スイスイ号

2 日本の自動車会社の海外生産（現地生産）について，グラフや地図でまとめています。□□□にあてはまる言葉を書き，（　　）内の正しいほうを丸で囲みましょう。

▽日本の自動車の国内生産・輸出・海外生産

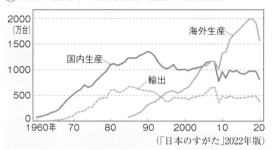

（「日本のすがた」2022年版）

- 日本の自動車会社の海外生産は，増えている。
- 日本のある自動車会社の工場は，　①　□□□□□や北アメリカに多い。
- 海外工場では，（②　現地の人・日本人　）を多くやとっている。

▽日本のある自動車会社の海外工場

（2017年）

イギリス　トルコ　パキスタン　インド　タイ　マレーシア　インドネシア　ナイジェリア　中国　台湾　フィリピン　ベトナム　カナダ　アメリカ　メキシコ　ブラジル　アルゼンチン

0°

※四輪車の製造工場のみ

▽東南アジアにある海外工場

その国の産業や地域の経済の発展につながる。

◢ ノートにまとめる

- 自動車の生産…組み立て工場のまわりに関連工場。
  - ▶くふう…組み立てライン（ライン）で作業。
  - ▶関連工場…必要な数の部品を，決められた日時に組み立て工場へとどける（ジャスト・イン・タイム方式）。
- 日本の自動車工業…愛知県豊田市など各地でさかん。
  - ▶海外生産…海外に工場を建てて現地で自動車を生産。現地の人の希望に合った自動車を早くとどけられたり，輸送費がかからない分安く販売できたりする利点。
- 新しい自動車づくり…燃料電池自動車や電気自動車などの環境にやさしい自動車，車いすのまま乗りおりできる自動車，安全性を高めるエアバッグの開発など。

▽組み立て工場と関連工場

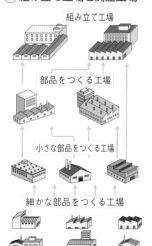

組み立て工場

部品をつくる工場

小さな部品をつくる工場

細かな部品をつくる工場

4章 日本の工業生産

11 自動車工業・製鉄業・石油化学工業

答え▶12ページ

━━━━◆◆◆◆ **標準** レベル ━━━━ トライしよう

3 日本の製鉄業と石油化学工業について調べています。表をもとに，鋼材・半鋼材の輸出量が多い国のグラフを完成させましょう。また，資料を見て◯◯にあてはまる言葉を書き，（　　）内の正しいほうを丸で囲みましょう。

▼製鉄所のあるところ

（2021年）（「日本国勢図会」2022/23年版）

▼鋼材・半鋼材の輸出量が多い国

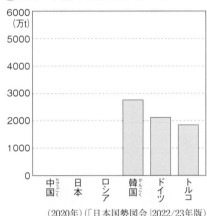

（2020年）（「日本国勢図会」2022/23年版）

国名	輸出量
中国	5139万 t
日本	2982万 t
ロシア	2857万 t
韓国	2762万 t
ドイツ	2123万 t
トルコ	1853万 t

●製鉄所は，（① 海ぞい ・ 内陸部 ）にたくさんある。

●日本をはじめ，②_____や韓国など東アジアの国で製鉄業がさかん。

▼石油の使われ方の割合と使われる石油製品の種類

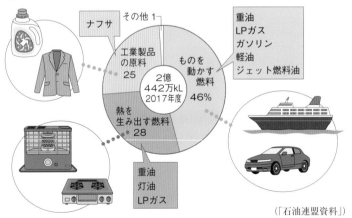

ナフサ

その他 1

重油
LPガス
ガソリン
軽油
ジェット燃料油

工業製品の原料 25

ものを動かす燃料 46%

2億442万kL
2017年度

熱を生み出す燃料 28

重油
灯油
LPガス

（「石油連盟資料」）

▼石油化学コンビナートのあるところ

（2021年）（「日本国勢図会」2022/23年版）

●日本では，石油の約4分の3が，ものを動かしたり熱を生み出したりする③_____として使われている。

●石油化学コンビナートは，（④ 海ぞい ・ 内陸部 ）にたくさんある。

4 半導体産業について調べる中で，IC（集積回路）工場の分布をまとめています。◯◯にあてはまる言葉を書きましょう。

▽IC工場の分布

(2021年)(「日本国勢図会」2022/23年版)

▽九州地方のIC工場と高速道路

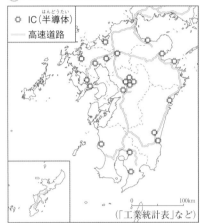

☼ IC（半導体）
── 高速道路

（「工業統計表」など）

九州は，「シリコンアイランド」と呼ばれる。シリコンは半導体の主原料で，半導体産業がさかんなアメリカ合衆国の「シリコンバレー」にちなんだ呼び名。

● ICなどの半導体は電子部品の1つで，パソコンなどをつくるときに欠かせない。

● IC工場は，海ぞいだけでなく ① ［　　　　　　　　　　　］ にもたくさんある。

● 九州地方にはIC工場が多く，ほとんどが ② ［　　　　　　　　　　　　　］ の近くに立地している。

ノートにまとめる

● 製鉄業…鉄鉱石や石炭（コークス）などを熱して，鉄を生産する。鉄鉱石や石炭はほとんどを輸入。
　▶ 製鉄所…鉄を生産する施設。原料の輸入や製品の輸送に便利な海ぞいに立地している。

● 石油化学工業…原油を原料に石油製品を生産する。原油はほとんどを西アジアの国々から輸入。
　▶ 石油工場（製油所）…原油を熱して，ナフサなどの石油製品を生産する工場。海ぞいに多い。

● ハイテク産業…高度な技術や知識が必要な産業。
　▶ 半導体産業…電子部品の1つの半導体（ICなど）を生産。IC工場は高速道路や空港近くに立地。

▽石油化学コンビナート

石油工場のほか，石油製品を原料や燃料にする工場などがパイプラインで結ばれ，効率よく生産。

11 自動車工業・製鉄業・石油化学工業

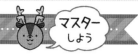

答え▶12ページ

ハイレベル　マスターしよう

1 自動車生産の流れを示した次の図を見て，あとの問いに答えましょう。

①プレス　②ようせつ　③とそう　組み立て　検査

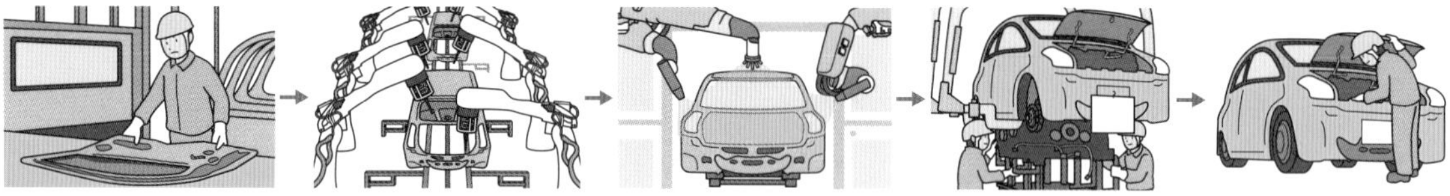

(1) 図中の①～③の作業内容にあてはまるものを，次からそれぞれ選びましょう。

①(　　　) ②(　　　) ③(　　　)

㋐ 機械を使って，鉄板からドアやゆかなどの部品をつくる。

㋑ 車体をあらったうえで，注文に合わせて車体に色をぬる。

㋒ ロボットを利用し，部品をつなぎ合わせて車体をつくる。

(2) 図中の組み立ての作業について述べた次の文章の(　　)にあてはまる言葉を書きましょう。　①(　　　　　) ②(　　　　　)

工場の人は，(①)に乗って運ばれてくる車体に，指示ビラを見ながら部品を取りつける。組み立てにおける全体の作業の流れを(②)という。

(3) 関連工場が必要な数の部品を決められた日時に組み立て工場へとどけるジャスト・イン・タイム方式の長所を，組み立て工場の視点から説明しましょう。

(　　　　　　　　　　　　　　　　　　　　)

2 自動車工業に関する右のグラフを見て，次の問いに答えましょう。

(1) 右のⒶ～Ⓒのグラフは，日本の自動車の国内生産，輸出，海外生産のいずれかを示しています。海外生産にあたるものを選びましょう。

(　　　)

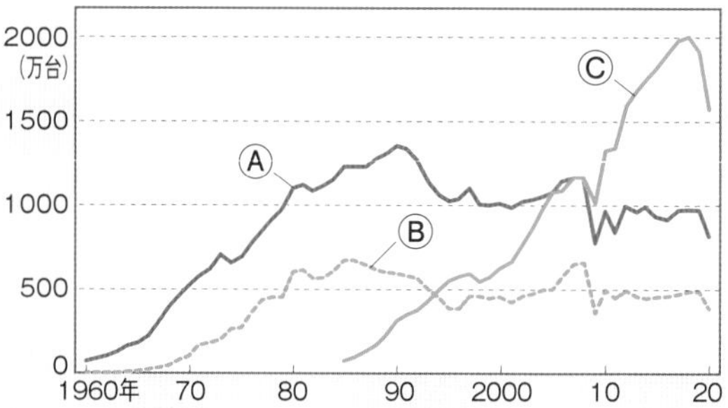

(「日本のすがた」2022年版)

(2) 日本の自動車会社が海外生産を進めることの長所として誤っているものを，次から選びましょう。(　　　)

㋐ 現地の仕事が増えて，その国の産業の発展にもつながる。

㋑ 現地の人の生活や希望に合った自動車を早くとどけられる。

㋒ 外国から高い技術を学ぶことで，日本国内の自動車工業がさらに発展する。

もの知り？クイズの答え
Q1 約3万個
Q2 ウ
Q3 2000度以上
Q4 ア

Q2 「ガタクリガタクリ」とゆっくり走ったことがタクリー号の名前の由来だよ。最高速度は時速16kmだったそう。 Q4 プラスチックの入れ物やビニールぶくろなど，身のまわりにはナフサを原料とするものがたくさんあるよ。

❸ 製鉄業，石油化学工業，半導体産業について，次の問いに答えましょう。

(1) 鉄と石油製品ができるまでを示した次の図を見て，あとの問いに答えましょう。

資料1 鉄ができるまで

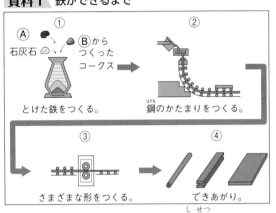

資料2 石油製品ができるまで

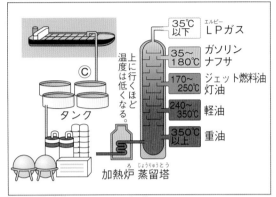

① 資料1の鉄をつくる施設，資料2の石油製品をつくる施設をそれぞれ何といいますか。　資料1（　　　　　　　　　）　資料2（　　　　　　　　　）

② 資料1中のⒶ・Ⓑ，資料2中のⒸにあてはまる原料をそれぞれ書きましょう。

Ⓐ（　　　　　　　　）　Ⓑ（　　　　　　　　）　Ⓒ（　　　　　　　　）

(2) 右の表は，日本メーカーと世界の半導体の生産額を示しています。表を見て日本の半導体産業の現状について書きましょう。

（単位 億円）	2005年	2010年	2015年	2020年
日本メーカー	53300	55430	48101	46096
世界	257300	261622	405553	471217

（「日本国勢図会」2022/23年版）

（　　　　　　　　　　　　　　　　　　　　　　　）

💡思考力トレーニング　資料をくらべよう

下の図を参考に，燃料電池自動車の長所について書きましょう。

（　　　　　　　　　　　　　　　　　　　　　　　　　　　　　）

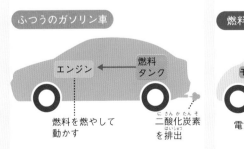

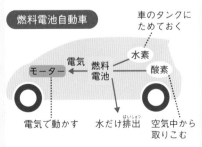

❗ヒント
二酸化炭素は，地球温暖化の原因といわれている温室効果ガスの1つだよ。

4章 日本の工業生産

答え▶13ページ

12 食料品工業，紙・パルプ工業，伝統工業

  **標準** レベル　トライ しよう

1 食料品工業と紙・パルプ工業について，グラフや地図でまとめています。表を参考に，食料品工業の生産額が多い都道府県のグラフを完成させましょう。また，◯◯◯にあてはまる言葉を書きましょう。

▼食料品工業の生産額の割合

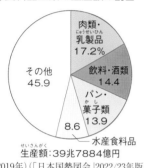

肉類・乳製品 17.2%
飲料・酒類 14.4
その他 45.9
パン・菓子類 13.9
8.6
水産食料品
生産額：39兆7884億円
(2019年)(「日本国勢図会」2022/23年版)

▼食料品工業の生産額が多い都道府県

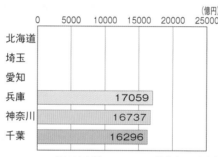

北海道
埼玉
愛知
兵庫 17059
神奈川 16737
千葉 16296

(2019年)(「データでみる県勢」2022年版)

都道府県	生産額(億円)
北海道	22288
埼玉	20570
愛知	17437
兵庫	17059
神奈川	16737
千葉	16296

(「データでみる県勢」2022年版)

●食料品工業では，◯①◯・乳製品の生産額が最も多い。

●都道府県別では，◯②◯の生産額が最も多い。また，大消費地だったり，大消費地に近かったりする県で生産額が多い。

▼紙・パルプ工業の生産額が多い都道府県

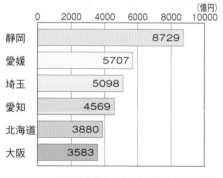

静岡 8729
愛媛 5707
埼玉 5098
愛知 4569
北海道 3880
大阪 3583

(2019年)(「データでみる県勢」2022年版)

▼製紙工場の分布

(2021年)
(「日本国勢図会」2022/23年版)

●都道府県別の紙・パルプ工業の生産額では，◯③◯が最も多い。

●製紙工場の数が多いのは③や大阪府，北海道など。

●日本の紙の生産量は世界でも上位。

2 全国各地の伝統的工芸品について，表や地図でまとめています。地図を見て，表中の◯◯にあてはまる伝統的工芸品を書きましょう。

織物・そめ物	焼き物	ぬり物	和紙	その他
①	②	③	④	南部鉄器 宮城伝統こけし 大館曲げわっぱ 丸亀うちわ
小千谷ちぢみ 琉球びんがた	信楽焼 伊万里・有田焼	津軽塗 会津塗	石州和紙 土佐和紙	

ノートにまとめる

- 食料品工業…地域の農業や水産業と結びつきが強い。
  - ▶かんづめ工場…消費者の声を製品づくりにいかす。
  - ▶しょうゆ工場…大豆，小麦，米，塩などが原料。
- 紙・パルプ工業…紙や，紙の原料となるパルプを生産。
  - ▶パルプ…木材をくだいた木材チップや古紙からせんいを集めたもの。木材チップは輸入にたよる。
- 伝統工業…古くから伝わる技術を用いて，地域でとれる原料や材料からおもに手づくりで工芸品を生産する。冬に農業ができない東北・北陸では副業として発展。
  - ▶伝統的工芸品…国の法律によって指定された工芸品。

▼北陸の工業製品

めがねわく〈福井県〉
高岡銅器〈富山県〉
洋食器〈新潟県〉

福井県鯖江市では，伝統的な技術をいかしてめがねわくを生産している。ほかに北陸の工業製品として，富山県の高岡銅器や新潟県の洋食器などがある。

学習した日　　月　　日

12 食料品工業，紙・パルプ工業，伝統工業

答え▶13ページ

ハイレベル　マスターしよう

❶ 食料品工業について，次の資料を見て，あとの問いに答えましょう。

資料1 食料品工業の製品(せいひん)

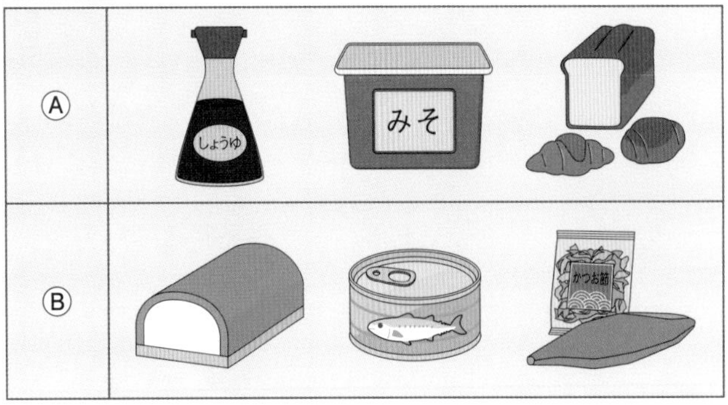

資料2 食料品工業の生産額(がく)が多い都道府県

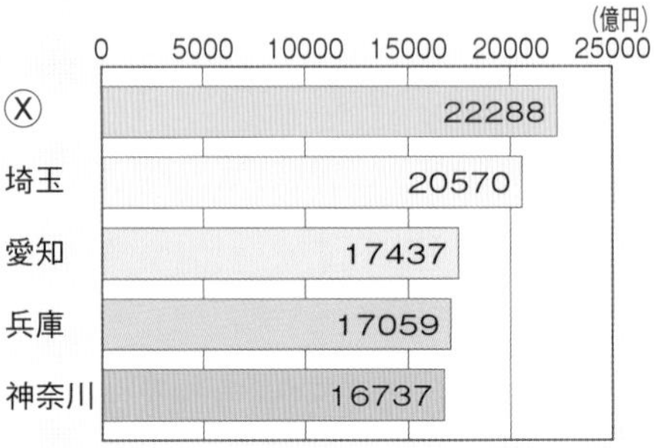

(2019年)(「データでみる県勢」2022年版)

(1) **資料1**中のⒶ，Ⓑは何の産業で生産されたものを加工した製品(せいひん)ですか。次からそれぞれ選びましょう。　Ⓐ(　　　)　Ⓑ(　　　)

㋐ 農業　㋑ 水産業　㋒ 畜産業(ちくさん)

(2) **資料2**中のⓍの都道府県について，次の問いに答えましょう。

① Ⓧにあてはまる都道府県を，次から選びましょう。(　　　)

㋐ 宮崎県　㋑ 鹿児島県　㋒ 東京都　㋓ 北海道

② Ⓧの都道府県では畜産業(ちくさん)がさかんです。畜産業(ちくさん)で生産されたものを加工した製品(せいひん)を，次から選びましょう。(　　　)

㋐ 焼きのり　㋑ チーズ　㋒ めんたいこ　㋓ うどん

❷ 紙・パルプ工業について，次の問いに答えましょう。

(1) 右のグラフは，紙・パルプ工業の生産額(がく)が多い都道府県を示(しめ)しています。Ⓨにあてはまる都道府県を，次から選びましょう。(　　　)

㋐ 静岡県　㋑ 岩手県　㋒ 和歌山県

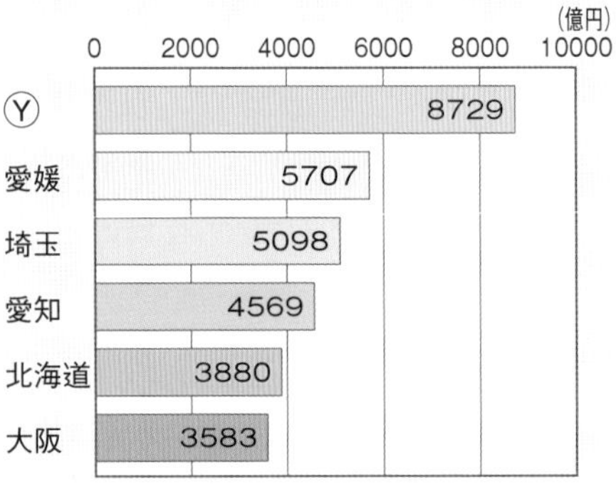

(2019年)(「データでみる県勢」2022年版)

(2) 日本の紙・パルプ工業の特色について述(の)べた文として誤(あやま)っているものを，次から選びましょう。(　　　)

㋐ 古紙の利用を高める取り組みが進められている。

㋑ 日本の紙の生産量は世界有数である。

㋒ パルプの原料として使われる木材チップはほとんど国内でまかなわれている。

㋓ 森林資源(しげん)が豊富(ほうふ)な都道府県や，大都市がある都道府県でさかんである。

もの知り
クイズ
の答え

Q1 山梨県
Q2 イ

Q1 山梨県には富士山や南アルプス（赤石山脈）の山々がそびえ，これらの山々からきれいなわき水を手に入れることができるんだ。Q2 ばかていねいに，何十回もうるしをぬり重ねることが「ばかぬり」とよばれる由来だよ。

❸ 伝統工業について，次の問いに答えましょう。

(1) 次の Ⓐ〜Ⓓ は，いずれも北陸地方の県で，伝統的な技術を用いて生産されている製品です。これを見て，あとの問いに答えましょう。

Ⓐ 　　Ⓑ 　　Ⓒ 　　Ⓓ

① Ⓐ〜Ⓓ が生産されている県を，次からそれぞれ選びましょう。

Ⓐ（　　　　）　Ⓑ（　　　　）　Ⓒ（　　　　）　Ⓓ（　　　　）

　　ⓐ　新潟県　　ⓘ　富山県　　ⓤ　石川県　　ⓔ　福井県

② 北陸地方でこれらの産業がさかんになった経緯を，「副業」の語句を用いて簡単に書きましょう。

（　　　　　　　　　　　　　　　　　　　　　　　　　　　　　　）

(2) 右の伝統的工芸品に共通して用いられている原料・材料を，次から選びましょう。

（　　　　）

　　ⓐ　うるし　　ⓘ　ねん土
　　ⓤ　銅　　　　ⓔ　木材

💡思考力トレーニング　資料を見て考えよう

次の文にあてはまる伝統的工芸品を，あとから選びましょう。

┌──────────────┐
└──────────────┘

岩手県で，地元でとれる鉄や木炭などを原料・材料につくられている。最近はカラフルなデザインを取り入れるなどして，海外での販売も増えている。

まるがめ
丸亀うちわ

びぜんやき
備前焼

おぢや
小千谷ちぢみ
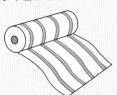

なんぶてっき
南部鉄器

答え▶14ページ

13 日本の資源・エネルギー

標準 レベル　　トライ しよう

1 日本の資源の輸入先について，地図やグラフでまとめています。下のグラフを見て，地図中に石炭を多く輸入している国から日本へ向かって矢印を入れましょう。また，下の◯◯にあてはまる言葉を書き，（　）内の正しいほうを丸で囲みましょう。

▼石油・石炭・鉄鉱石のおもな輸入相手国

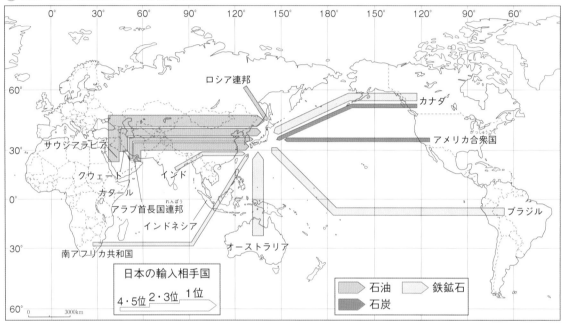

▼石油の輸入相手国と自給率

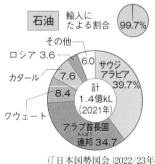

（「日本国勢図会」2022/23年版）

▼石炭の輸入相手国と自給率

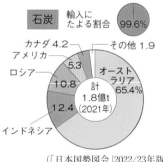

（「日本国勢図会」2022/23年版）

▼鉄鉱石の輸入相手国と自給率

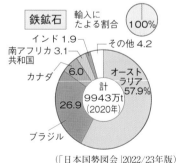

（「日本国勢図会」2022/23年版）

●石油の輸入先は，地域別では（① 東南アジア ・ 西アジア ）に集中している。

●石炭と鉄鉱石の最大の輸入相手国は② ＿＿＿＿＿＿＿＿＿＿ である。

石炭の第2位はインドネシア，鉄鉱石の第2位はブラジルである。

2 日本の発電・再生可能エネルギーについて調べています。グラフや地図，写真を参考に，◻にあてはまる言葉を書きましょう。

① ◻ 発電	現在，日本の発電の中心になっている。燃料となる石油や天然ガスの輸入に便利な海ぞいにある。二酸化炭素を多く出す。
② ◻ 発電	1950年には，日本の発電の中心だった。ダムをつくり，水が落下するときの力を利用する。川の上流の内陸部に多くある。
③ ◻ 発電	ウランの核分裂で生まれる熱を利用する。割合を増やしていたが，原子力発電所で事故が起こったことをきっかけに割合が減った。

▼日本の発電割合の変化

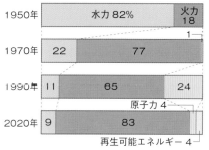

1950年	水力 82%	火力 18
1970年	22	77　1
1990年	11	65	24
2020年	9	83	原子力 4

再生可能エネルギー 4

（「日本国勢図会」2022/23年版など）

▼火力発電所，水力発電所，原子力発電所の分布

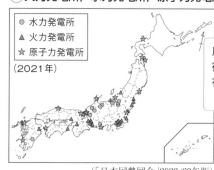

● 水力発電所
▲ 火力発電所
★ 原子力発電所

（2021年）

（「日本国勢図会」2022/23年版）

原子力発電所は冷却水が得られる海ぞいにあり，福井県の若狭湾沿岸にとくに多い。

再生可能エネルギーを利用した発電

④ ◻ 発電
風の力で風車を回して発電。

⑤ ◻ 発電
太陽の光を電力に変える。

⑥ ◻ 発電
火山の地下深くの蒸気や熱水を利用。

ノートにまとめる

- 資源…自然の中にあり，産業や運輸に利用される。石油や石炭などの化石燃料のほか，鉄鉱石や銅鉱など。
  ▶資源の輸入…日本は資源がとぼしく，輸入にたよる。
- 発電方法…火力発電，水力発電，原子力発電など。
  ▶日本の発電…現在は火力発電が中心。
- 再生可能エネルギー…自然の力をいかし，くり返し利用できる。風力，太陽光，地熱，バイオマスなど。電力が安定しなかったり，費用がかかったりする。

▼バイオマス発電

木材や生ごみなどを燃やした熱エネルギーを利用する。

学習した日　　月　　日

13 日本の資源・エネルギー

答え▶14ページ

ハイレベル　マスターしよう

1 おもな資源の輸入相手国を示した次のグラフを見て，あとの問いに答えましょう。

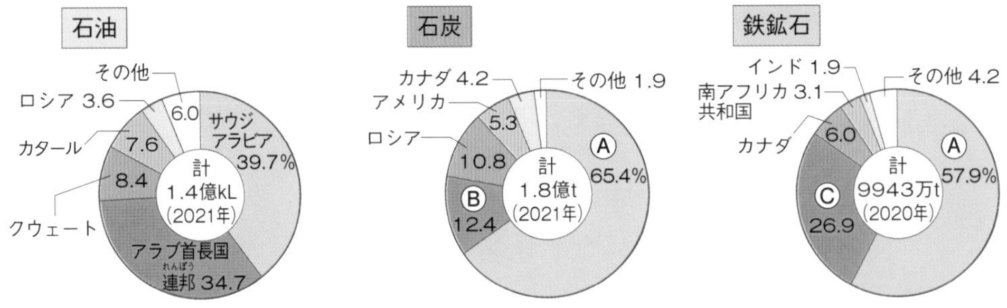
石油
その他 6.0
ロシア 3.6
カタール 7.6
クウェート 8.4
サウジアラビア 39.7%
アラブ首長国連邦 34.7
計 1.4億kL (2021年)
石炭
カナダ 4.2
アメリカ 5.3
その他 1.9
ロシア 10.8
Ⓐ 65.4%
Ⓑ 12.4
計 1.8億t (2021年)
鉄鉱石
インド 1.9
南アフリカ共和国 3.1
その他 4.2
カナダ 6.0
Ⓐ 57.9%
Ⓒ 26.9
計 9943万t (2020年)

(「日本国勢図会」2022/23年版)

(1) 石油の輸入相手国は，どの地域に集中していますか。次から選びましょう。
(　　　)

㋐ 北アメリカ　㋑ アフリカ　㋒ ヨーロッパ　㋓ 西アジア

(2) 石炭と鉄鉱石の輸入相手国について，Ⓐ～Ⓒにあてはまる国を，次からそれぞれ選びましょう。　Ⓐ(　　　)　Ⓑ(　　　)　Ⓒ(　　　)

㋐ インドネシア　㋑ ブラジル　㋒ オーストラリア　㋓ 中国

2 日本の発電について，次の問いに答えましょう。

(1) 右のグラフは，日本の発電割合の変化を示しています。火力，水力，原子力にあたるものを，グラフ中のⒶ～Ⓒからそれぞれ選びましょう。

火力(　　　)　水力(　　　)
原子力(　　　)

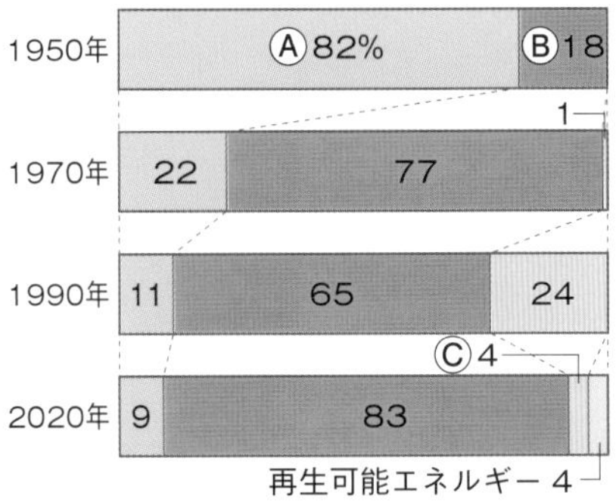
1950年 Ⓐ82% Ⓑ18
1970年 22 77 1
1990年 11 65 24
2020年 9 83 Ⓒ4
再生可能エネルギー 4

(「日本国勢図会」2022/23年版など)

(2) 火力発電所，水力発電所，原子力発電所の分布を示している地図を，次からそれぞれ選びましょう。

火力発電所(　　　)　水力発電所(　　　)　原子力発電所(　　　)

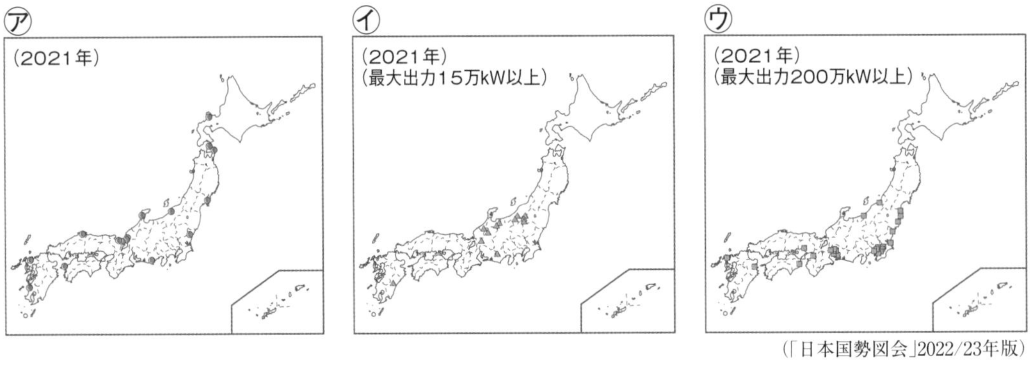
㋐
(2021年)
㋑
(2021年)
(最大出力15万kW以上)
㋒
(2021年)
(最大出力200万kW以上)

(「日本国勢図会」2022/23年版)

もの知り❓クイズ の答え

Q1 約139年
Q2 ウ

Q1 資源には限りがあるからいつかなくなってしまうよ。石炭はあと約139年，石油はあと約54年といわれているんだ。**Q2** 富山県にある黒部ダムの高さは186mで，日本一の高さをほこるよ。地下に黒部川第四発電所があるんだ。

(3) 原子力発電の問題点について，簡単に書きましょう。

(　　　　　　　　　　　　　　　　　　　　　　　　　　　　　)

❸ 再生可能エネルギーについて，次の文章を読んで，あとの問いに答えましょう。

　近年，ⓐ風力，ⓑ太陽光，ⓒ地熱などの再生可能エネルギーが注目されている。日本政府は，2030年度に，発電量にしめる再生可能エネルギーの割合を36〜38％とする目標を立てているが，費用面などでさまざまな課題もある。

(1) 再生可能エネルギーの長所を1つ書きましょう。

(　　　　　　　　　　　　　　　　　　　　　　　　　　　　　)

(2) 文中のⓐ〜ⓒの再生可能エネルギーを利用した発電の特色にあてはまるものを，次からそれぞれ選びましょう。

ⓐ(　　　) 　ⓑ(　　　) 　ⓒ(　　　)

㋐　昼でも夜でも発電することができる。最近は海上にも建設が進んでいる。

㋑　火山の近くにつくられていて，日本では九州地方や東北地方に多い。

㋒　家庭などでも発電されているが，天候にえいきょうされやすく安定しない。

(3) 日本では，おもに木材や生ごみなどを燃やした熱エネルギーを利用して発電している発電方法を何といいますか。

(　　　　　　　　　　　　　　　　　　　)

🔅思考力トレーニング　問題文を考えよう

あとの答えになる問題文を考えてみよう（資料も参考にすること）。

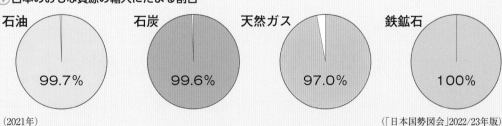

▼日本のおもな資源の輸入にたよる割合

石油	石炭	天然ガス	鉄鉱石
99.7%	99.6%	97.0%	100%

(2021年) 　　　　　　　　　　　　　　（「日本国勢図会」2022/23年版）

答え　国内で資源が足りなくなってしまう。

答え▶15ページ

14 輸送と貿易

標準 レベル

トライしよう

1 さまざまな輸送手段とその特色について，表やグラフ，写真，地図でまとめています。ほかの資料を参考に，表中の◯にあてはまる輸送手段を書きましょう。

▼さまざまな輸送手段

①	全国各地に高速道路が整備されたことなどによって，現在，旅客輸送・貨物輸送とも輸送量が最も多い。トラックなどを利用して，目的地まで直接荷物を運べる。
②	2019年現在，旅客輸送では2番目に輸送量が多い。新幹線の整備が進み，はなれた都市までの移動時間も短くなった。二酸化炭素をあまり排出せず，環境への負担が少ない。
③	1975年には，貨物輸送の輸送量が最も多かった。おもに原油などの資源，自動車や鉄鋼などの重くてかさばるものを運び，タンカーやコンテナ船が利用されている。
④	旅客輸送・貨物輸送ともに輸送量が増加。目的地まで短時間で運べるが，輸送にかかる費用が高いため，高価で軽いICやカメラ，鮮度が重要な食料品などを運んでいる。

▼国内輸送量の変化

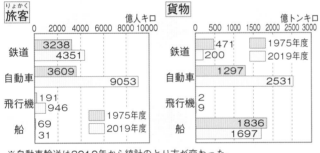

旅客　　　　　　　　　　　　　億人キロ
　　　　0 2000 4000 6000 8000 10000
鉄道　3238
　　　4351
自動車　3609
　　　　　　　9053
飛行機　191
　　　946
船　69
　　31
　　　　　1975年度
　　　　　2019年度

貨物　　　　　　　　　　　　億トンキロ
　　　　0 500 1000 1500 2000 2500 3000
鉄道　471
　　　200
自動車　1297
　　　　　　2531
飛行機　2
　　　9
船　　　　1836
　　　　　1697
　　　　　1975年度
　　　　　2019年度

※自動車輸送は2010年から統計のとり方が変わった。
輸送人キロ＝旅客数×きょり
輸送トンキロ＝貨物トン数×きょり

（「日本国勢図会」2022/23年版など）

▼原油を運ぶタンカー(上)とコンテナ船(下)

▼おもな高速道路・空港・港

　── 高速道路
　● おもな空港
　○ おもな港
　※貨物の取りあつかい量
　　が多い空港と港

▼新幹線

（2022年）
秋田新幹線
上越新幹線
西九州新幹線
山形新幹線
北陸新幹線
新函館北斗
新青森
山陽新幹線
秋田
北海道新幹線
武雄温泉
新庄
盛岡
博多
金沢
新潟
長野
福島
東北新幹線
長崎
新鳥栖
敦賀
高崎
東京
鹿児島
新大阪
高崎
中央
九州新幹線
東海道新幹線
--- 建設計画中

2 日本の貿易を調べています。輸出入品について，□にあてはまる言葉を書きましょう。また，表をもとに，貿易額が多い港・空港のグラフを完成させましょう。

▼日本のおもな輸出入品

輸出　68兆円

鉄鋼 3.8　プラスチック 3.5
自動車部品 4.3　精密機械 3.0

| 機械類 38.1% | 自動車 14.0 | その他 33.3 |

輸入　68兆円

衣類 4.0　精密機械 2.9
医薬品 4.7　石炭 2.5

| 機械類 27.0% | 石油 8.7 | その他 44.9 |

液化ガス 5.3

(2020年)(「日本国勢図会」2022/23年版)

- ●輸出品では，[①　　　]と機械類で半分以上をしめる。
- ●輸入品では，機械類が最も多く，[②　　　]や液化ガス，石炭などの資源も多い。

▼貿易額が多い港・空港

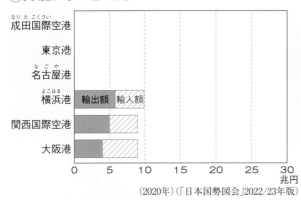

(2020年)(「日本国勢図会」2022/23年版)

港 (空港名)	輸出額	輸入額	合計
成田国際空港	10兆円	13兆円	23兆円
東京港	5兆円	11兆円	16兆円
名古屋港	10兆円	4兆円	14兆円
横浜港	6兆円	4兆円	10兆円
関西国際空港	5兆円	4兆円	9兆円
大阪港	4兆円	5兆円	9兆円

ノートにまとめる

- ●運輸…自動車，鉄道，船，飛行機を使って人やものを運び，私たちの生活や産業を支える。
  - ▶貨物輸送…外国とは船，国内は自動車が中心。
- ●貿易…外国との間のものやサービスの売り買い。外国に売る輸出と，外国から買う輸入。
  - ▶日本の貿易…原料や燃料を輸入して工業製品をつくり，外国に輸出する加工貿易で発展。現在は，外国からの工業製品の輸入も増加。
  - ▶貿易相手国…中国が最大。ついでアメリカ。
  - ▶貿易の自由化…輸入品にかける関税をなくす動き。国内産業へのえいきょうが心配される。

▼コンテナによる輸送

トラックのコンテナに品物をつめる。

コンテナを
船に積む。　列車に積む。

コンテナ船　　貨物列車

コンテナは大型の金属製の四角い容器で，これに荷物を入れて輸送する。コンテナの大きさは世界共通。

4章 日本の工業生産

14 輸送と貿易

答え▶15ページ

★ ★ ★ **ハイ**レベル ……………… マスターしよう

❶ 日本の運輸について，右の資料を見て，次の問いに答えましょう。

(1) **資料1**を見て，次の問いに答えましょう。

① 1975年度に，旅客輸送で最も多いもの，貨物輸送で最も多いものは何ですか。

旅客輸送（　　　　　　　）
貨物輸送（　　　　　　　）

② 2019年度に，旅客輸送で最も多いもの，貨物輸送で最も多いものは何ですか。

旅客輸送（　　　　　　　）
貨物輸送（　　　　　　　）

資料1 国内輸送量の変化

※自動車輸送は2010年から統計のとり方が変わった。
輸送人キロ＝旅客数×きょり
輸送トンキロ＝貨物トン数×きょり　　（「日本国勢図会」2022/23年版など）

資料2 日本の新幹線

(2) 次の特色にあてはまる輸送手段を，**資料1**中からそれぞれ選びましょう。

① 目的地まで短時間で運べるが，輸送にかかる費用が高い。

（　　　　　　　）

② 輸送に時間がかかるが，一度にたくさんの貨物を運べ，輸送にかかる費用が比かく的安い。

（　　　　　　　）

③ 目的地まで直接運ぶことができるが，二酸化炭素などの排出量が多い。

（　　　　　　　）

(3) **資料2**について，青森県から鹿児島県まで新幹線だけで移動するときに利用する新幹線を，すべて書きましょう。（　　　　　　　　　　　　）

❷ 日本の貿易について，次の問いに答えましょう。

(1) 右ページのグラフは，日本のおもな輸出入品の変化を示しています。グラフからわかることとして誤っているものを，次から選びましょう。（　　　　）

㋐ 2020年の輸入総額と輸出総額はともに1960年の40倍以上になっている。

㋑ 1960年の輸出入品を見ると，せんい工業がさかんだったことがわかる。

㋒ 2020年の輸入品と輸出品では，機械類がいずれも4分の1以上をしめる。

㋓ 2020年の石油の輸入額は，1960年の石油の輸入額より少なくなっている。

（「日本国勢図会」2022/23年版）

(2) 日本は加工貿易で発展してきました。加工貿易を簡単に説明しましょう。

（　　　　　　　　　　　　　　　　　　　　　　　　　　　　）

(3) 2020年の日本の最大の貿易相手国を，次から選びましょう。　　（　　　）

　　㋐　アメリカ合衆国　　㋑　中国　　㋒　オーストラリア　　㋓　ロシア連邦

(4) 右のグラフは，日本の貿易額が多い港・空港を示しています。グラフ中の㋐，㋑にあてはまる港・空港を，次からそれぞれ選びましょう。㋐（　　　）㋑（　　　）

　　㋐　神戸港　　㋑　東京港
　　㋒　成田国際空港　　㋓　中部国際空港

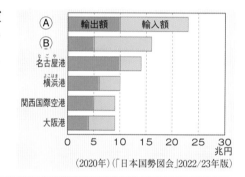

（2020年）（「日本国勢図会」2022/23年版）

思考力トレーニング　資料をくらべよう

交通網の発達が島根県にもたらした変化について，下の資料を見て，簡単に書きましょう。

（　　　　　　　　　　　　　　　　　　　　　　　　　　　　　　）

▼島根県を訪れる観光客数

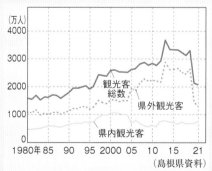

（島根県資料）

▼中国・四国地方の高速道路

▼おもなできごと

1983年
中国自動車道
全線開通

1991年
浜田自動車道
全線開通

2007年
石見銀山
世界遺産登録

71

特集　めざせ　社会の博士④

答え▶15ページ

世界の資源はどこにある？

資源には，石油や石炭，天然ガス，鉄鉱石，レアメタルなどさまざまなものがあります。これらの資源は世界のどこで多くとれるのでしょうか？　また，どんな方法でとっているのでしょうか？　くわしく見ていきましょう。

資源が多くとれるのはどこ？

自然の中にあり，熱などを生み出すエネルギー源や，工業の原料となる資源の分布にはかたよりがあります。とれる量や出回る量が少なく希少金属とも呼ばれるレアメタルは，さらに分布にかたよりがあります。

▼おもな資源の産出地

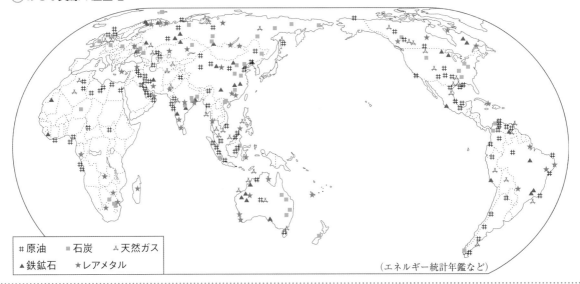

＃原油　■石炭　▲天然ガス
▲鉄鉱石　★レアメタル

（エネルギー統計年鑑など）

資源の産出量が多い国は？

石油はアメリカ合衆国やロシア連邦のほか，西アジアのペルシア湾沿岸の国の産出量が多くなっています。石炭は中国が最大の産出国で世界の半分以上をしめ，鉄鉱石はオーストラリアが最大の産出国で世界の３分の１以上をしめています。

▼おもな資源の産出地

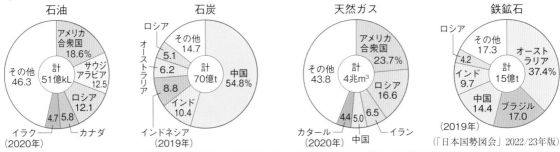

石油
その他 46.3／アメリカ合衆国 18.6%／サウジアラビア 12.5／ロシア 12.1／イラク 4.7／カナダ 5.8／計 51億kL
（2020年）

石炭
ロシア／オーストラリア 5.1／6.2／インド 10.4／インドネシア 8.8／その他 14.7／中国 54.8%／計 70億t
（2019年）

天然ガス
その他 43.8／アメリカ合衆国 23.7%／ロシア 16.6／イラン 6.5／中国 5.0／カタール 4.4／計 4兆m³
（2020年）

鉄鉱石
ロシア 4.2／その他 17.3／インド 9.7／中国 14.4／ブラジル 17.0／オーストラリア 37.4%／計 15億t
（2019年）

（「日本国勢図会」2022/23年版）

資源はどんな見た目をしているの？

次の◯には，石油（原油），石炭，鉄鉱石のいずれかがあてはまります。下の解説も参考にあてはまる資源を書きましょう。

①

世界で最も多く利用されているエネルギー源である。①を加工したナフサは，さまざまな工業製品の原料に用いられている。

②

おもに火力発電や製鉄業などの燃料に用いられている。昔は日本でも北海道や九州で産出されていた。

③

鉄の原料となる資源。③からつくられた鉄は自動車や電化製品，鉄道のレールなどさまざまな金属製品の材料に用いられる。

▼鉄鉱石の露天掘り

資源はどうやってとるの？

原油は地下数千メートルものところにうまっているので，巨大な機械でその深さまで井戸を掘ってとります。石炭は，石炭がうまっている地層までトンネル（坑道）を掘ってとる方法（坑内掘り）や，地表を直接けずっていってとる方法（露天掘り）があります。鉄鉱石は，露天掘りが中心です。

資源はいつかなくなるの？

資源は限りあるもので，このままとり続けるといつかはなくなってしまいます。将来の人たちのためにも，限りある資源を大切に使っていかなくてはいけません。

▼おもな資源の可採年数

石油	石炭	天然ガス
あと54年（2020年）	あと139年（2021年）	あと49年（2020年）

（資源エネルギー庁）

最近開発が進んでいる資源は？

最近開発が進んでいる資源にシェールガスがあります。シェールガスは天然ガスの一種で，地下深くの岩石の層にふくまれています。近年の技術の進歩で掘り出すことができるようになり，アメリカ合衆国などで開発が進んでいます。

答え▶16ページ

15 情報とくらし

標準 レベル ・・・・ トライ しよう

1 さまざまなメディアの特色とインターネットの広がりについて，表やグラフでまとめています。◻にあてはまる言葉を書き，（　　）内の正しいほうを丸で囲みましょう。

さまざまなメディア

①	②	③	ざっし	インターネット
動画と音声で伝える。子どもから高齢者まで楽しめる。	音声で伝える。家事などほかのことをしながら聞ける。	写真や文字で伝える。持ち運びしやすく，保存もできる。	写真やイラスト，文字で伝える。持ち運びができる。	文字や映像で伝える。手軽で，すぐに調べられる。

インターネットの広がり

▼インターネットの人口ふきゅう率の変化

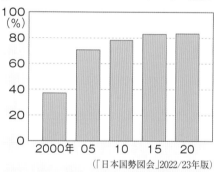

（「日本国勢図会」2022/23年版）

▼インターネット利用時の機器の種類

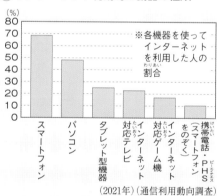

※各機器を使ってインターネットを利用した人の割合

（2021年）（通信利用動向調査）

スマートフォンやタブレット型機器は，2010年代にふきゅうしたよ。

▼インターネットを利用した犯罪件数の変化

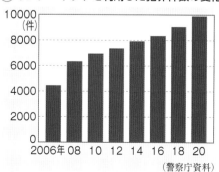

（警察庁資料）

● インターネットは，（④ 1980・2000 ）年ごろから急速に広まった。

● ◻⑤　　　　　　　　　やパソコンでインターネットを利用することが多い。

● 近年は，インターネットを利用した犯罪が増えている。

2 コンビニエンスストアでの**情報通信技術（ICT）**を活用したサービスについて調べています。資料を見て，□にあてはまる言葉を書きましょう。

▼コンビニエンスストアにあるコピー機の画面

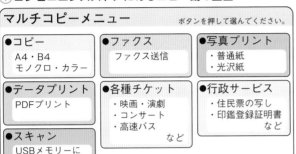

▼買い物などに行きづらい家庭へ商品をとどけるしくみ

▼銀行の自動あずけばらい機

● コピー機では，[①_____]の写しや印鑑登録証明書などを取得できる。

● 会員登録をすれば，電話や[②_____]で商品を注文してとどけてもらうことができる。

● [③_____]の自動あずけばらい機を使って，お金を引き出すことができる。

ノートにまとめる

🔵 メディア…情報を伝える方法。一度にたくさんの人に同じ情報を伝えるテレビや新聞はマスメディア。

　▶ ニュース番組ができるまで…情報収集→編集会議→取材→原稿作成→映像の編集→放送。

🔵 情報通信技術の発達（ICT）…大量の情報をしょりしたり，はなれた場所でもすぐに情報をやりとりできる。

　▶ コンビニエンスストア…POSシステムなどを活用。

　▶ 病院や診療所…電子カルテで患者の情報を共有。

🔵 情報社会…大量の情報があふれ，情報が重要な役割。

　▶ メディアリテラシー…必要な情報を選び活用する力。

　▶ 問題…SNSが原因のいじめや個人情報の流出など。

▼電子マネーでの支はらい

クレジットカード，ICカード，スマートフォンなどを用いて支はらえる。

━━━━━ ✦ ✦ ✦ ハイ レベル ✦ ✦ ✦ ━━━━━ マスター しよう

❶ メディアの使い分けや情報通信機器の広がりについて，次の問いに答えましょう。

(1) 次のような場面で，情報を入手したり，伝えたりしたいときには，どんな方法をとればよいですか。下からそれぞれ選びましょう。

① テレビで知った環境問題について，切りぬいて保存したい。 （　　　）

② 日曜日にサッカーの試合を見に行くために，待ち合わせの時間と場所を友だちと話し合って決めたい。 （　　　）

③ 近づいてきている台風について，映像で現在の外の様子を知りたい。 （　　　）

④ 学校で飼うかめについて，えさや育て方の情報を交換したい。 （　　　）

　　ⓐ インターネットで質問する。　　ⓘ テレビを見る。
　　ⓦ 電話をかける。　　　　　　　　ⓔ 新聞を見る。

(2) 2010年代に急速にふきゅうした情報通信機器を，次から2つ選びましょう。 （　　　）（　　　）

　　ⓐ タブレット型機器　　ⓘ パソコン　　ⓦ テレビ
　　ⓔ スマートフォン　　　ⓞ 固定電話

❷ 私たちのくらしで活用されている情報ネットワークについて，次の資料を見て，あとの問いに答えましょう。

資料1 コンビニエンスストアと本部のつながり

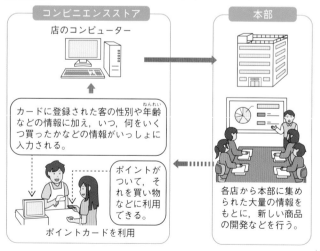

資料2 地域の医療施設のネットワーク

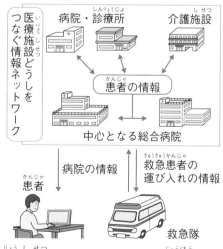

(1) 資料1のコンビニエンスストアや資料2の医療施設では，さまざまな情報通信技術が使われています。情報通信技術のことをアルファベットの略称で何といいますか。 （　　　）

もの知り❓クイズ の答え

Q1 ハト
Q2 エ

Q1 ハトの巣に帰る本能を利用して，ハトの足に原稿や写真のフィルムをくくりつけて運んだんだ。**Q2** 速くて，（環境や人に）優しく，快適な，券だから「はやかけん」。「～けん」は，福岡県などで使われている方言でもあるよ。

(2) 資料1について，お客さんがポイントカードを使って買い物をすることによって，お客さんとコンビニエンスストアにはどんな利点がありますか。それぞれ簡単に書きましょう。

お客さん（　　　　　　　　　　　　　　　　　　　　　　　　　　）

コンビニエンスストア

（　　　　　　　　　　　　　　　　　　　　　　　　　　　　　　）

(3) 資料2について，患者の情報を共有することで，患者が別の病院に行ったとき，どんな利点がありますか。「検査」の語句を用いて簡単に書きましょう。

（　　　　　　　　　　　　　　　　　　　　　　　　　　　　　　）

❸ 情報社会について述べた次の文章を読んで，あとの問いに答えましょう。

　私たちのまわりにはたくさんの情報があふれている。そのため，自分に必要な情報を選んで，その情報が正しいかどうかを判断し，活用する力が重要になってくる。この力を（　①　）という。また，ⓐSNSや掲示板が原因のいじめや，住所や名前，電話番号などの（　②　）の流出も問題となっている。

(1) 文章中の（　　）にあてはまる言葉を書きましょう。

①（　　　　　　　　　　　　　　）　②（　　　　　　　　　　　　　）

(2) 下線部ⓐについて，SNSや掲示板を利用するときに気をつけるべきことを1つ書きましょう。

（　　　　　　　　　　　　　　　　　　　　　　　　　　　　　　）

💡 **思考力トレーニング**　どうするか考えよう

　あなたは歴史ある温泉旅館の経営者です。次のようなとき，あなたは情報通信技術や情報ネットワークを活用して，どんなことをしますか。

①若い人に温泉旅館のみ力を知ってもらいたい。

┌──────────────────────────────────────┐
│　　　　　　　　　　　　　　　　　　　　　　　　　　　　│
└──────────────────────────────────────┘

②外国人観光客を増やしたい。

┌──────────────────────────────────────┐
│　　　　　　　　　　　　　　　　　　　　　　　　　　　　│
└──────────────────────────────────────┘

5章 情報と自然環境

答え▶17ページ

16 自然災害

標準 レベル　　　トライ しよう

1 さまざまな自然災害について，図や写真でまとめています。資料を参考に，□ にあてはまる言葉や数字を書きましょう。

地震が発生するしくみや被害

▼日本周辺のプレートとおもな地震の震源地

不確定のプレートの境界
プレートの境界
× おもな地震の震源地
北アメリカプレート
フォッサマグナ
ユーラシアプレート
東日本大震災
太平洋プレート
日本海溝
伊豆小笠原海溝
阪神・淡路大震災
南西諸島海溝　南海トラフ　駿河トラフ　相模トラフ
フィリピン海プレート

▼地震が発生するしくみ

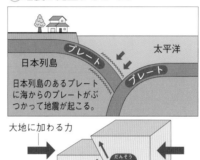

太平洋
日本列島
プレート
プレート
日本列島のあるプレートに海からのプレートがぶつかって地震が起こる。

大地に加わる力

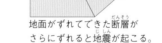

断層

地面がずれてできた断層がさらにずれると地震が起こる。

▼津波の被害

東日本大震災では，東北地方の太平洋側を中心に大きな被害が出た。

● ① [　　　　　] はプレートがぶつかったり，断層がずれたりして発生する。

●日本は ② [　　　　　] 枚のプレートの境界にあり，地震が多く発生する。

●海底が震源の地震では，③ [　　　　　] が発生して被害が出ることがある。

火山の噴火や気象災害

▼火砕流

▼火山灰による被害

▼土砂くずれ

▼川のはんらん

●火山が ④ [　　　　　] すると火砕流が発生したり，⑤ [　　　　　] がふって人々の生活や農業などに被害が出たりする。

●台風や集中豪雨によって ⑥ [　　　　　]  や川のはんらんが発生する。

2 防災や減災の取り組みについて調べています。資料を参考に，□にあてはまる言葉を書きましょう。

▼耐震工事を行った学校の数の変化

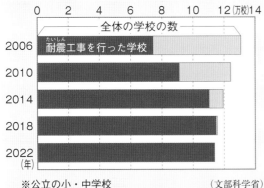

```
        0   2   4   6   8   10   12(万校)14
        ┌─────────────────────────┐
        │       全体の学校の数       │
2006    │ 耐震工事を行った学校        │
        │                           │
2010    │                           │
        │                           │
2014    │                           │
        │                           │
2018    │                           │
        │                           │
2022    │                           │
(年)
```

※公立の小・中学校　　　　（文部科学省）

地震対策

●大きなゆれで建物がこわれないように ①_____ 工事を進め，津波の被害を防ぐ ②_____ を建設。

水害対策

●川の水が増えたら，③_____ に一時的に水を取りこむ。

▼耐震工事を行った施設

▼防潮堤

▼放水路

ノートにまとめる

◉自然災害…日本は世界の中でも自然災害が多い国。

▶地震…建物がこわれたり，津波で被害が出たりする。

▶火山の噴火…火山が火山灰や溶岩をふき上げる。

▶気象災害…台風や集中豪雨による洪水や土砂災害，高潮，大雪による雪害，干害（干ばつ）など。

◉防災・減災…自然災害による被害を防ぐ防災，被害をできるだけ少なくする減災の取り組みが進む。

▶緊急地震速報…地震発生直後に気象庁が出す。強いゆれが来ることをテレビや携帯電話などで通知。

▶ハザードマップ…自然災害による被害が予想される地域のほか，避難場所や避難経路を示した地図。

▼おもな火山災害や気象災害

つゆの大雨による土砂くずれ

大雪

御嶽山の噴火

雲仙岳の噴火

大雪

台風や大雨による川のはんらん

大雨による土砂くずれ

台風による川のはんらん

▲おもな火山災害　★おもな風水害
■おもな雪害

近年も日本各地で火山災害や気象災害が発生。

学習した日　　月　　日

16 自然災害

答え▶17ページ

ハイレベル　マスターしよう

1 地震について右の地図を見て，次の問いに答えましょう。

⑴　日本で地震が多く発生する理由を，次から2つ選びましょう。

（　　　）（　　　）

㋐　複雑に入り組んだ海岸が多いから。

㋑　複数のプレートが出合うところにあるから。

㋒　季節風のえいきょうで雨が多いから。

㋓　内陸部に多くの断層があるから。

日本周辺のプレートとおもな地震の震源地

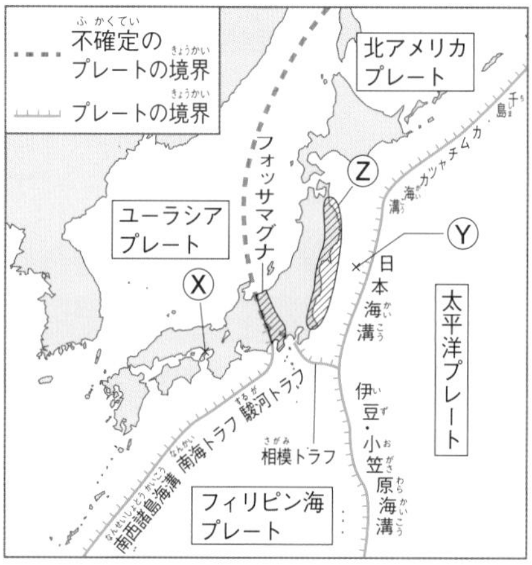

⑵　1995年に起こった地図中のⓍを震源とした地震による災害，2011年に起こった地図中のⓎを震源とした地震による災害を，次からそれぞれ選びましょう。

Ⓧ（　　　）　Ⓨ（　　　）

㋐　阪神・淡路大震災　　㋑　関東大震災　　㋒　東日本大震災

⑶　Ⓨを震源とする地震では，地図中のⓏの地域で大きな被害が出ました。どんな被害が出たか，簡単に書きましょう。

（　　　　　　　　　　　　　　　　）

2 さまざまな自然災害による被害について，次の資料を見て，あとの問いに答えましょう。

Ⓐ

Ⓑ

Ⓒ

⑴　Ⓐ～Ⓒではどんな被害が出ていますか。次からそれぞれ選びましょう。

Ⓐ（　　　）　Ⓑ（　　　）　Ⓒ（　　　）

㋐　川のはんらんによって，多くの建物が水につかってしまっている。

㋑　火山灰がふり，車の上につもっている。

㋒　木造の家屋がこわれ，道路が通れなくなっている。

⑵　Ⓐ～Ⓒの被害を引き起こした自然災害を，次からそれぞれ選びましょう。

Ⓐ（　　　）　Ⓑ（　　　）　Ⓒ（　　　）

㋐　干害（干ばつ）　㋑　火山の噴火　㋒　大雨・集中豪雨　㋓　地震

もの知り
クイズ
の答え

Q1 約32倍
Q2 滋賀県

Q1 さらにマグニチュードが2大きくなると、地震そのもののエネルギーは約1000倍にもなるんだ。Q2 滋賀県北東部の伊吹山で、1927年2月14日に11m82cmの積雪記録があるよ。これは世界記録でもあるんだって。

③ 防災・減災について、次の問いに答えましょう。

(1) 次の施設はどんな自然災害に備えたものですか。□□□からそれぞれ選びましょう。

① ( ) ② ( ) ③ ( )

> 火山の噴火　　大雨・集中豪雨　　津波　　地震　　干害(干ばつ)

(2) 右の地図を見て、次の問いに答えましょう。

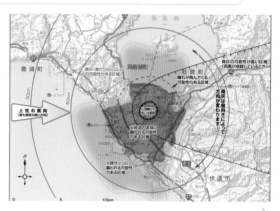

① 右のような地図を何といいますか。

( )

② 右のような地図は、都道府県や市区町村などが作成しています。どんな目的で作成されていますか。簡単に書きましょう。

( )

💡**思考力トレーニング**　理由を考えよう

2019年、「自然災害伝承碑」が新たな地図記号として地形図にけいさいされるようになりました。この地図記号がつくられた理由を書きましょう。

[ ]

自然災害伝承碑の地図記号

自然災害伝承碑

❗ヒント
過去に発生した津波や洪水、火山の噴火などの自然災害に関する情報を伝える石碑やモニュメントが示されているよ。

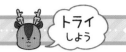

答え▶18ページ

17 自然環境とくらし

標準レベル　トライしよう

1 日本の森林と林業について，グラフや図でまとめています。資料を参考に，□にあてはまる言葉や数字を書きましょう。また，表をもとに，林業で働く人の数の変化のグラフを完成させましょう。

▼日本の土地利用

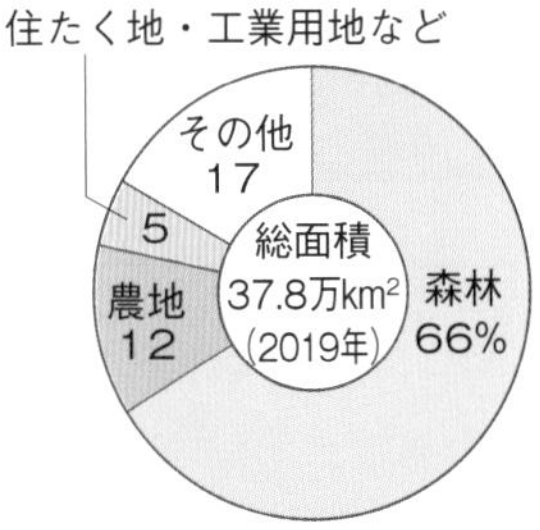
住たく地・工業用地など
その他
17
5
農地
12
総面積
37.8万km²
(2019年)
森林
66%

（「日本国勢図会」2022/23年版）

- 日本の国土の約３分の（①　　　　）が森林である。
- 国内で使われる木材は，（②　　　　）木材のほうが多い。近年は日本の風土に合う国産木材の見直しも進む。
- 林業で働く人は，昔にくらべて（③　　　　）。

▼国内で使われる木材の変化

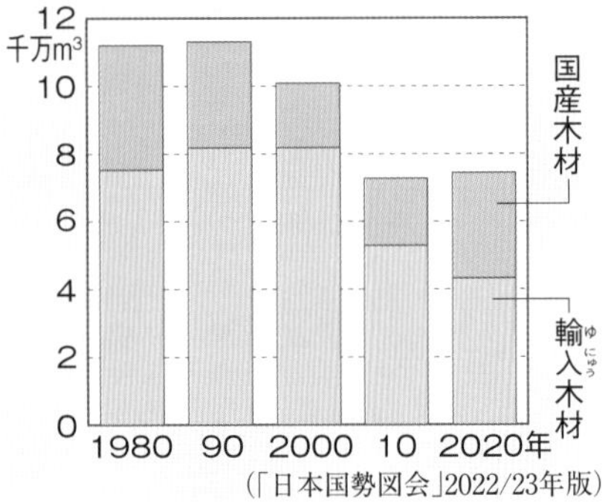
12
千万m³
10
8
6
4
2
0
1980
90
2000
10
2020年
国産木材
輸入木材

（「日本国勢図会」2022/23年版）

▼林業で働く人の数の変化

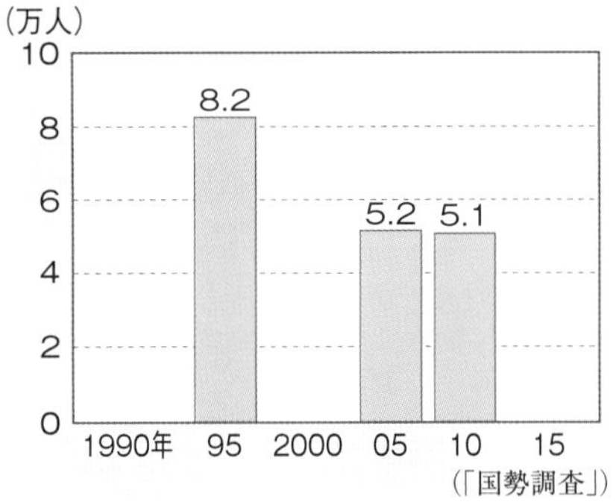
(万人)
10
8
6
4
2
0
8.2
5.2
5.1
1990年
95
2000
05
10
15

（「国勢調査」）

年	人数（万人）
1990	10.0
1995	8.2
2000	6.8
2005	5.2
2010	5.1
2015	4.5

林業の仕事の流れ

（④　　　　）
苗木を畑で育てて，山に苗木を植える。
→
（⑤　　　　）
木の生長のじゃまをする雑草をかり取る。
→
（⑥　　　　）
太陽の光がしっかりとどくように一部の木を切る。
→
（⑦　　　　）
チェーンソーなどで木を切る。

▼植林

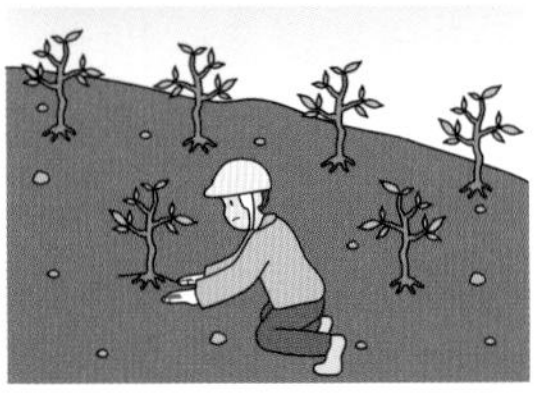

▼下草がり

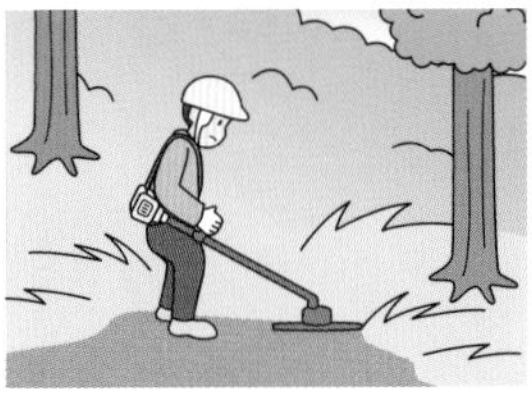

▼間ばつ

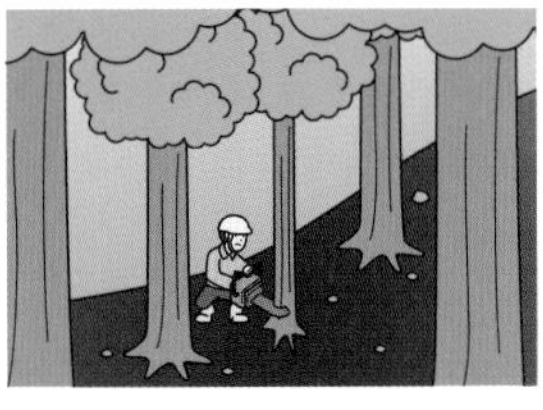

▼切り出し

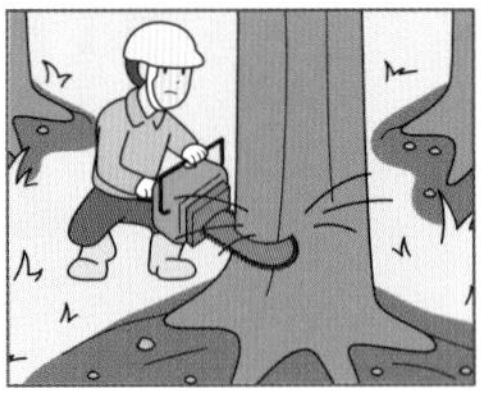

もの知り？クイズ

Q1 屋久島には縄文杉のほかにも古くて大きな杉の木がある。次のうち，本当にあるのは？

ア　きょうだい杉　　イ　おやこ杉　　ウ　めおと杉　　エ　なかま杉

Q2 熊本県水俣市では，ごみを何種類に分別している？

---

2 四大公害病と環境を守る取り組みについて調べています。資料を参考に，□□□にあてはまる言葉を書きましょう。

▽四大公害病

①	八代海沿岸で発生。手足のしびれ，目や耳が不自由になる。
②	神通川下流域で発生。骨がもろくなり，はげしいいたみが出る。
③	三重県四日市市で発生。はげしいせきが出る。
④	阿賀野川流域で発生。手足のしびれ，目や耳が不自由になる。

▽四大公害病の発生地

- 海や川のよごれ
- ▲ 空気のよごれ

新潟水俣病（阿賀野川）
水俣病（八代海沿岸）
イタイイタイ病（神通川下流）
四日市ぜんそく（四日市市）

環境を守る市や地域の取り組み

▽ごみの分別

▽川ぞいの看板

この付近では
バーベキュー
花火・爆竹などを
条例で禁止
しています。
○○市

- ●ごみの⑤□□□を徹底するなどして，リサイクルを進める。
- ●市などは⑥□□□を定めて，きれいな川を守っている。

ノートにまとめる

- 日本の森林…国土面積にしめる森林の割合が高い。
  - ▶天然林と人工林…自然の力でできた天然林と，人が植林して育てる人工林。日本は人工林が多い。
  - ▶森林のはたらき…空気をきれいにしたり，雨水をたくわえたりする。防風林などの役割もはたす。
- 公害…人間の活動や工場での生産などによって，自然環境やくらしに被害が出ること。高度経済成長期に深刻化し，四大公害病が発生。
  - ▶国の対策…環境基本法の制定や環境庁(現在の環境省)の設置など。
  - ▶県や市の対策…下水道の整備や条例の制定。水俣市などでエコタウン事業。
- 世界遺産条約…貴重な自然や建築を世界遺産として登録・保護。

▽日本の世界自然遺産登録地

知床
奄美大島，徳之島
沖縄島北部および
西表島
白神山地
ぶなの天然林
小笠原諸島
屋久島
縄文杉が有名

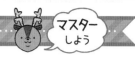

学習した日　　月　　日

17 自然環境とくらし

答え▶18ページ

ハイレベル　マスターしょう

1 日本の森林や林業について，次の問いに答えましょう。

(1) **資料1**について，森林は日本の国土面積のうち，どれくらいをしめていますか。次から選びましょう。

（　　　）

㋐ 約2分の1　　㋑ 約3分の1

㋒ 約3分の2　　㋓ 約4分の3

資料1 日本の土地利用

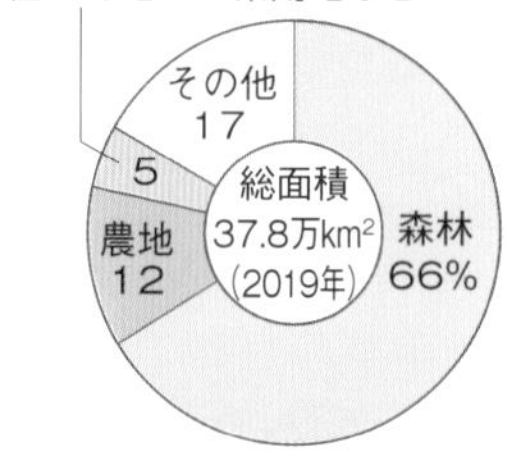

住たく地・工業用地など
その他 17
5
農地 12
総面積 37.8万km2 (2019年)
森林 66%

（「日本国勢図会」2022/23年版）

(2) **資料2**について，天然林，人工林とはどんなものですか。それぞれ簡単に説明しましょう。

天然林

（　　　　　　　　　　　　）

人工林

（　　　　　　　　　　　　）

資料2 天然林(上)と人工林(下)

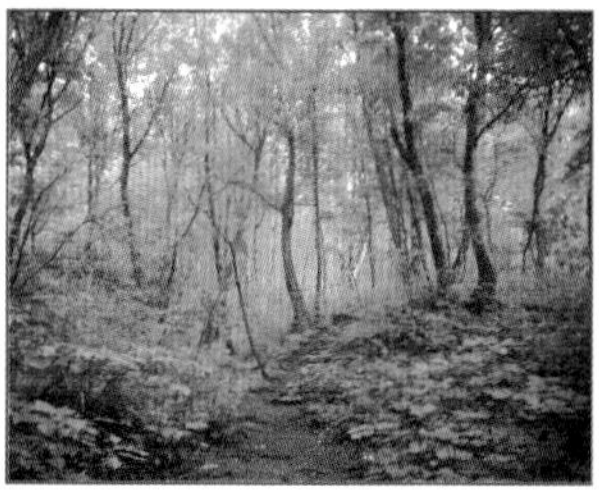

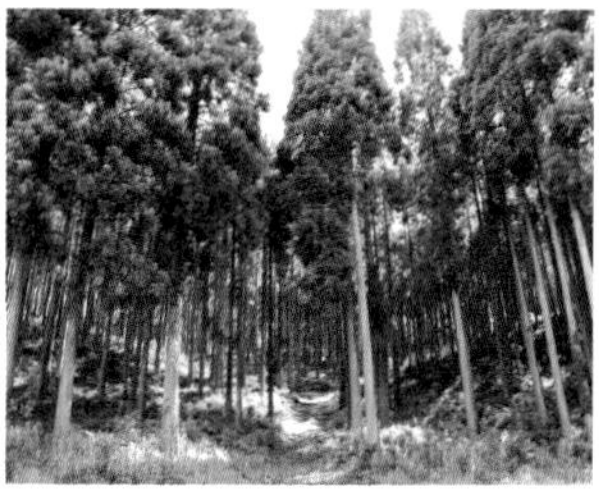

(3) 次の林業の仕事にあてはまる内容を，下からそれぞれ選びましょう。

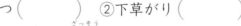

①間ばつ（　　　）　②下草がり（　　　）

㋐ 木の生長のじゃまをする雑草をかり取る。

㋑ 苗木を畑で育てて，山に苗木を植える。

㋒ 太陽の光がしっかりとどくように一部の木を切る。

(4) 林業はどんな課題をかかえていますか。1つ書きましょう。

（　　　　　　　　　　　　）

(5) **資料3**について，世界自然遺産登録地であるⒶ，Ⓑについて説明したものを，次からそれぞれ選びましょう。

Ⓐ（　　　）　Ⓑ（　　　）

資料3

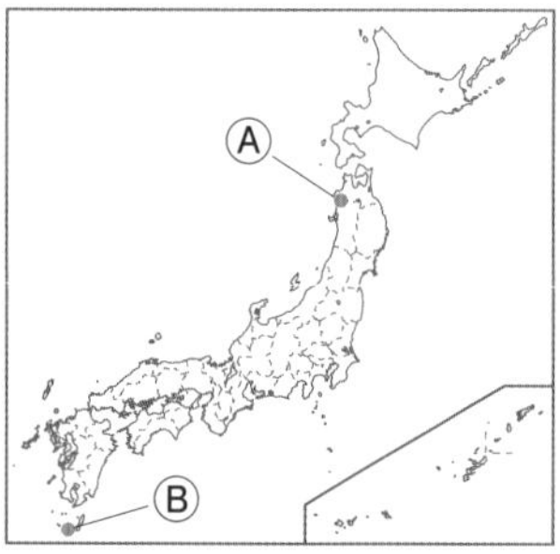

Ⓐ
Ⓑ

㋐ 樹齢7200年ともいわれる縄文杉が有名である。

㋑ ぶなの天然林が広がり，つきのわぐまなどがすむ。

㋒ 東洋のガラパゴスと呼ばれ，独特の生態系が残る。

㋓ 冬は海が流氷におおわれ，貴重な生物がすむ。

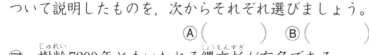

(6) **資料4**は，関東地方の群馬県などで見られる住居の様子です。資料中の木々は，どんなはたらきをしていると考えられますか。簡単に書きましょう。

（　　　　　　　　　　　　）

資料4

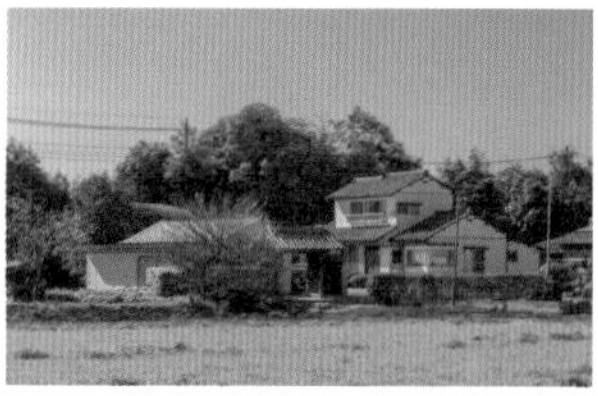

もの知り
クイズ
の答え

Q1 ウ
Q2 23種類

Q1 高さ10mぐらいのところで2本の巨大な杉がつながっていることから，めおと（夫婦）杉と呼ばれるんだ。大王杉や弥生杉と呼ばれる杉もあるよ。
Q2 水俣病を経験した熊本県水俣市は積極的にリサイクルに取り組んでいるよ。

❷ 公害や国の対策について，次の資料を見て，あとの問いに答えましょう。

資料1 四大公害病の発生地

● 海や川のよごれ
▲ 空気のよごれ

資料2 1960年ごろの北九州市

資料3 国のおもな環境対策

年代	取り組み
1958	工場排水規制法の制定
1967	公害対策基本法の制定
1970	水質汚濁防止法の制定
1971	Ⓐ 庁の設置 （現在の Ⓐ 省）
1993	Ⓑ 法の制定

(1) 次の四大公害病の発生地を，**資料1**中のⓐ～ⓓからそれぞれ選びましょう。

① 四日市市で発生し，はげしいせきが出た。 （　　　）

② 八代海沿岸で発生し，手足がしびれ，目や耳が不自由になった。 （　　　）

③ 神通川下流域で発生し，骨がもろくなりはげしいいたみが出た。（　　　）

(2) **資料2**について，北九州市で深刻になった公害を，次から2つ選びましょう。

（　　　）（　　　）

㋐ 水質汚濁　　㋑ 地盤沈下　　㋒ 大気汚染　　㋓ 森林の減少

(3) **資料3**中のⒶ，Ⓑにあてはまる言葉を書きましょう。

Ⓐ（　　　　　　　） Ⓑ（　　　　　　　）

💡思考力トレーニング　資料をくらべよう

山間部などで森林がなくなったり，あれはてたりしてしまうとどんなことが起こると考えられますか。下の資料も参考にいくつか書きましょう。

（　　　　　　　　　　　　　　　　　　　　　　　　　　　　）

資料1 森林がある場合

資料2 森林がない場合

18 国際

標準 レベル　　　　　　　　　　　　トライ しよう

1 日本と関係が深い国について，資料を参考に□にあてはまる言葉を書きましょう。

国名	首都・面積・人口	産業や文化	日本とのつながり
アメリカ合衆国	ワシントンD.C. 983万km² 3億3292万人	大規模な農業を行う。宇宙開発で世界をリード。ファストフードなどの文化がグローバル化により，世界へ広がる。さまざまな民族が集まる多文化社会。	日本から機械類や ① ____ を 多く輸出。
中国	ペキン 960万km² 14億4422万人	人口増加をおさえるため，2015年まで一人っ子政策をとる。漢族が約9割。経済特区の設置で工業が発展。	ギョーザ,お茶,漢方薬,毛筆書写と② ____ などが伝わる。
韓国	ソウル 10万km² 5131万人	ハングル文字。キムチ。伝統衣装の ③ ____ 。	韓国のテレビドラマや音楽が日本で人気。日本のアニメやまんがが韓国で人気。
サウジアラビア	リヤド 221万km² 3534万人	④ ____ 教を信仰。女性では利用できない施設があるなど，行動に男女の区別がある。	日本の石油の最大の輸入相手国。日本から自動車などを輸出。

※面積は2020年，人口は2021年。

▼日本とアメリカ合衆国の貿易品

[日本からアメリカへの輸出品]
科学光学機器 2.4
その他 27.8
機械類 36.8%
計 12.6兆円
自動車部品 5.5
自動車 27.5

[日本のアメリカからの輸入品]
その他 44.8
医薬品
機械類 25.8%
計 7.5兆円
7.6
5.5
有機化合物 3.5
航空機類 3.6
液化石油ガス 3.9
5.3
肉類
科学光学機器

(2020年)(「日本国勢図会」2022/23年版)

▼中国から日本に伝わったおもなもの

毛筆書写と漢字

ギョーザ

漢方薬

お茶

▼韓国の女性の伝統衣装のチマ・チョゴリ

▼韓国の伝統的なキムチづくり

▼イスラム教の聖地・サウジアラビアのメッカ

▼イスラム教徒の女性

Q1 「手紙」と書くと中国語ではどんな意味になる？

ア ノート　イ ふせん　ウ トイレットペーパー　エ ハガキ

2 国連のはたらきについて，グラフや図，写真でまとめています。資料を見て，□にあてはまる言葉や数字を書きましょう。

▼国際連合憲章（要旨）

●世界の平和と安全を守り，争いがおこったときは，話し合いで解決する。
●すべての国は平等で，世界の国々がともに発展していくことを考える。

▼国連分担金の割合

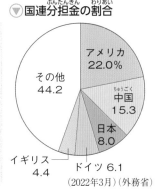

その他 44.2
アメリカ 22.0%
中国 15.3
日本 8.0
イギリス 4.4
ドイツ 6.1
（2022年3月）（外務省）

▼ユニセフへの募金でできることの例

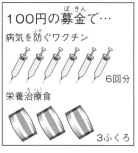

100円の募金で…
病気を防ぐワクチン　6回分
栄養治療食　3ふくろ

▼国連の平和維持活動（PKO）に参加する自衛隊

●世界の平和と ①□□□ を守るために，国際連合（国連）が発足した。日本も国連に加盟していて，②□□□ 番目に多く国連分担金を負担している。

● ③□□□ は寄付金を集めて，子どもたちを助ける活動を行っている。

●国連の平和維持活動（PKO）には日本の ④□□□ も参加していて，勢力の争いが続く国や地域の道路整備などを行っている。

ノートにまとめる

● 関係が深い国々　▶アメリカ…多文化社会。　▶中国…重要な貿易相手国。
　▶韓国…儒教の教えを重視。　▶サウジアラビア…石油を日本へ輸出。

● 地球規模の課題
　▶紛争やテロがやまず，難民が増え続けている。
　▶地球温暖化や酸性雨などの環境問題が深刻。

● 国際協力…国際連合（国連）を中心に課題に取り組む。
　▶国連…総会が中心。ユニセフやユネスコなど。
　▶持続可能な開発目標（SDGs）…2030年までに達成すべき17の目標。貧困などの課題に取り組む。
　▶政府開発援助（ODA）…途上国へ資金や技術を提供。
　▶非政府組織（NGO）…政府に属さない民間の団体。

▼青年海外協力隊による活動

ODAの活動の1つ。農林水産業や土木などの分野で途上国を支援。

✦✦✦ **ハイ** レベル ‥‥‥‥‥ マスターしよう

❶ 日本と関係が深い国について，次の問いに答えましょう。

(1) 次の文章は，アメリカ合衆国，中国，韓国，サウジアラビアのいずれかの産業や文化について述べたものです。あてはまるものをそれぞれ選びましょう。

アメリカ（　　　）中国（　　　）韓国（　　　）サウジアラビア（　　　）

㋐ 石油が豊富で，産出した石油を輸出することで収入を得ている。イスラム教を信仰する人が多く，男女では利用できる施設や行動などに区別がある。

㋑ 外国企業を税金や貿易などの面で優遇する経済特区を設置して，工業や経済が大きく発展した。約9割をしめる漢族のほかにも，50をこえる少数民族がいる。

㋒ 儒教の教えが生活に根づいている。独自のハングル文字が使われ，キムチなどの食文化は日本でもなじみがある。半導体や薄型テレビなどの生産がさかん。

㋓ さまざまな人種・民族がくらし，多文化社会をきずいている。大規模な農業が行われていて，宇宙開発などの分野では世界をリードしている。

(2) 次のグラフは，アメリカ合衆国，中国，韓国，サウジアラビアのいずれかからの日本の輸入品を示しています。あてはまるものをそれぞれ選びましょう。

アメリカ（　　　）中国（　　　）韓国（　　　）サウジアラビア（　　　）

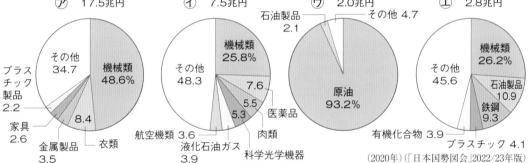

(2020年)(「日本国勢図会」2022/23年版)

❷ 国際連合（国連）について，次の資料を読んで，あとの問いに答えましょう。

●世界の平和と安全を守り，争いがおこったときは，ⓐ話し合いで解決する。
●すべての国は平等で，世界の国々がともに発展していくことを考える。
●経済や社会，文化などの面での問題を解決するために，各国は協力する。

(1) 国連は上の資料にもとづいて成立しました。これを何といいますか。

（　　　　　　　　　　　）

(2) 資料中のⓐについて，国連の全加盟国が参加する中心機関を何といいますか。

（　　　　　　　　　　　）

(3) 次の文にあてはまる国連の機関を，下からそれぞれ選びましょう。

① 寄付金を集めて，貧しい子どもたちを助ける活動を行っている。（　　　　）

② 貴重な自然や建築を世界遺産として登録・保護している。（　　　　）

㋐　アセアン　　㋑　ユネスコ　　㋒　ユニセフ　　㋓　イーユー

❸ 日本の国際協力について，次の問いに答えましょう。

(1) 青年海外協力隊の活動について，右の資料を見て，次の問いに答えましょう。

① 青年海外協力隊は，ODAの活動の1つです。ODAの正式名称を何といいますか。

（　　　　　　　　　）

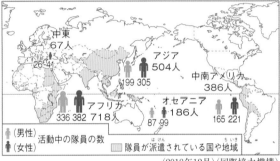

資料1　青年海外協力隊の活動地域

中東 67人　26 41
アジア 504人　199 305
中南アメリカ 386人
アフリカ 336 382 718人
オセアニア 186人　87 99
165 221

🧍（男性）🧍（女性）活動中の隊員の数　　隊員が派遣されている国や地域

(2018年12月)(国際協力機構)

② 青年海外協力隊の隊員が最も多く派遣された地域はどこですか。資料中から選びましょう。

（　　　　　　　　　）

(2) 右の写真は，国連の平和維持活動に参加する自衛隊が，病院施設の工事を行っているところです。国連の平和維持活動のアルファベットの略称を，次から選びましょう。

（　　　　　　　　　）

㋐ PKO　　㋑ WHO　　㋒ FAO　　㋓ ILO

💡思考力トレーニング　どうするか考えよう

持続可能な開発目標（SDGs）について，あなたにもできることはないでしょうか。下の2つの目標からどちらかを選び，自分にできることを考えてみましょう。

目標	できること

7 エネルギーをみんなにそしてクリーンに

世界中の人が，安くて安全で現代的なエネルギーをずっと使えるようになることを目指す。

11 住み続けられるまちづくりを

みんなが安心してずっとくらすことができる，自然災害に負けないまちづくりを目指す。

本教材に掲載したSDGsに関する内容は国際連合の承認を得たものではなく，また国際連合や加盟国の公式見解が反映されたものでもありません。　国連SDGs WEBサイト　https://www.un.org/sustainabledevelopment/

特集　めざせ　社会の博士⑤

答え▶19ページ

世界の人口を見てみよう

🔍　2021年現在，世界の人口は約79億人，日本の人口は約1億2605万人です。日本の人口が減少傾向にあるいっぽうで，世界の人口はどんどん増え続けています。世界の人口の変化や人口分布についてくわしく見ていきましょう。

世界の人口はどう変化してきたの？

　世界の人口は，文明が発展するにつれて増加してきました。とくに20世紀後半からは，アジアやアフリカの発展途上国を中心に人口が急増しています（人口爆発）。これは発展途上国への医療の援助などが進んだことで，衛生状態などが改善され，死亡率が大きく低下したことがえいきょうしています。

▼紀元元年からの世界の人口の変化

グラフ内に矢印で示した年数は，人口が2倍になるのにかかった年数だよ。

人口が集中しているのはどこ？

　アジアやヨーロッパの平野部やアメリカ合衆国の東部に人口が集中しています。

▼世界の人口分布

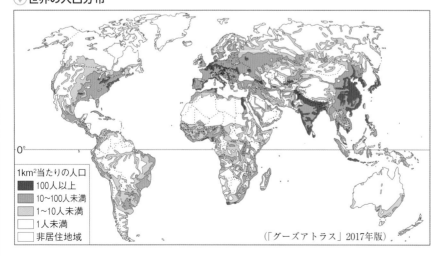

1km²当たりの人口
- 100人以上
- 10～100人未満
- 1～10人未満
- 1人未満
- 非居住地域

（「グーズアトラス」2017年版）

人口分布は，気候とも深く関わっているよ。26ページの気候帯の地図と見くらべてみよう！

人口密度ってどんな数値？

　人口密度は，その地域にどれくらいの人が集まっているかを示す数値で，ふつう1㎢に何人いるかで示します。「国や地域の人口÷国や地域の面積」で求めることができます。次の表は，おもな国の面積と人口を示しています。表をもとに，各国の人口密度を求め，下の図の◯◯◯にあてはまる国名を書きましょう。

国名	アメリカ合衆国	日本	中国	オーストラリア	インド	ロシア連邦
面積	983万㎢	38万㎢	960万㎢	769万㎢	329万㎢	1710万㎢
人口	33292万人	12605万人	144422万人	2579万人	139341万人	14591万人

※面積は2020年，人口は2021年。（「日本国勢図会」2022/23年版）

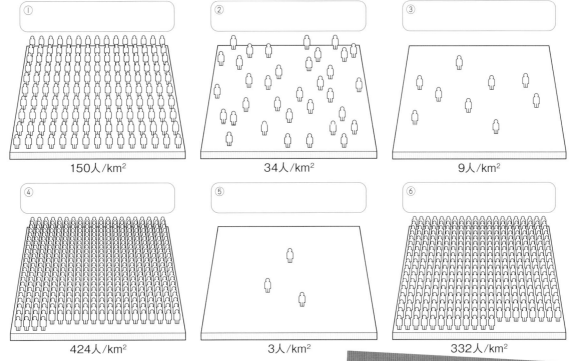

① 　　　　　　　　　　　② 　　　　　　　　　　　③

150人/km² 　　　　　　34人/km² 　　　　　　9人/km²

④ 　　　　　　　　　　　⑤ 　　　　　　　　　　　⑥

424人/km² 　　　　　　3人/km² 　　　　　　332人/km²

世界一人口が少ない国ってどこ？

　世界一人口が少ないのは，ヨーロッパ州のイタリアの首都ローマ市内にあるバチカン市国で，その人口は約800人です。ちなみにバチカン市国は世界一面積が小さい国でもあり，その面積は約0.44㎢です。

人より羊のほうが多い国があるってほんと？

　羊の飼育がさかんなオセアニア州のオーストラリアやニュージーランドは，人口より羊の飼育頭数のほうが多くなっています。

思考力育成問題

答え▶20ページ

1 けんたさんのグループは，世界の国々について一人１国ずつ取り上げて調べ学習をすることになりました。次の会話文を読んで，あとの問いに答えましょう。

けんた：私はアメリカ合衆国について調べてみたいと思うよ。いつかメジャーリーグの試合を生で見てみたいんだ。
たかし：私はブラジルにしよう。応援しているサッカー選手の出身国なんだ。
えま　：私は週末に中華街に行くから，中国のことを調べてみようかな。
さやか：いいなぁ。私は前にオーストラリアに行ってコアラを見たことがあるんだ。だから，オーストラリアについて調べてみようと思うよ。

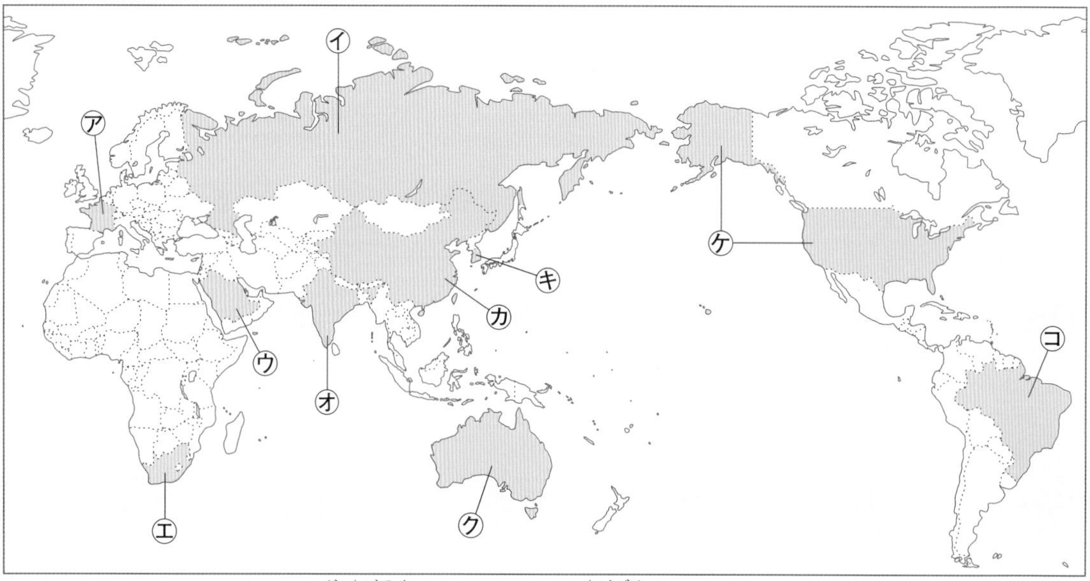

(1)　会話文中のアメリカ合衆国，ブラジル，中国，オーストラリアの位置を上の地図中の㋐～㋙からそれぞれ選びましょう。また，各国の位置について，６つの大陸と３つの大きな海洋の名前を使って説明しましょう。

アメリカ合衆国　記号（　　　）
位置の説明（　　　　　　　　　　　　　　　　　　　　）
ブラジル　記号（　　　）
位置の説明（　　　　　　　　　　　　　　　　　　　　）
中国　記号（　　　）
位置の説明（　　　　　　　　　　　　　　　　　　　　）
オーストラリア　記号（　　　）
位置の説明（　　　　　　　　　　　　　　　　　　　　）

(2) 次の会話文を参考にして，Ⓐアメリカ合衆国，Ⓑブラジル，Ⓒ中国，Ⓓオーストラリアからの日本の輸入品を示すグラフを，あとからそれぞれ選びましょう。

けんた：アメリカ合衆国は，航空機産業やコンピューター関連産業などの，高度な技術が必要な分野で世界をリードしているんだって。

えま　：中国は「世界の工場」と呼ばれるぐらい工業が発達しているみたい。家族の服には，「MADE IN CHINA」と書かれているものが多かったわ。

たかし：ブラジルは資源が豊富なんだって。カラジャス鉄山っていうところでは，地面を直接掘る方法で資源がたくさん産出されているそうだよ。

さやか：資源ならオーストラリアも負けていないみたい。オーストラリアの西部で多く産出する資源と，東部で多く産出する資源があるんだって。

Ⓐ（　　　　　）Ⓑ（　　　　　）Ⓒ（　　　　　）Ⓓ（　　　　　）

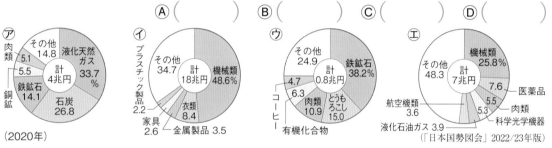

ⓐ
肉類 5.1
その他 14.8
液化天然ガス 33.7％
計 4兆円
銅鉱 5.5
鉄鉱石 14.1
石炭 26.8
（2020年）

ⓘ
その他 34.7
プラスチック製品 2.2
計 18兆円
機械類 48.6％
衣類 8.4
家具 2.6
金属製品 3.5

ⓤ
その他 24.9
鉄鉱石 38.2％
計 0.8兆円
コーヒー 4.7
肉類 10.9
とうもろこし 15.0
有機化合物 6.3

ⓔ
その他 48.3
機械類 25.8％
計 7兆円
医薬品 7.6
肉類 5.5
科学光学機器 5.3
航空機類 3.6
液化石油ガス 3.9

（「日本国勢図会」2022/23年版）

(3) 次の会話文と資料を読んで，会話文中の　X　にあてはまる文を書きましょう。

ゆうき：私の父は自動車会社につとめていて，先月タイの組み立て工場に出張だったんだ。そこで，タイについて調べて2つの資料を見つけたよ。

けんた：へえ！この2つの資料から　　　　X　　　　がわかるね。

▼日本のある自動車会社の海外工場

（2017年）
イギリス
トルコ
パキスタン
カナダ
中国
台湾
アメリカ
インド
フィリピン
メキシコ
タイ
ベトナム
マレーシア
ブラジル
インドネシア
アルゼンチン
ナイジェリア
0°
※四輪車の製造工場のみ

▼日本からの鉄鋼の輸出額が多い国

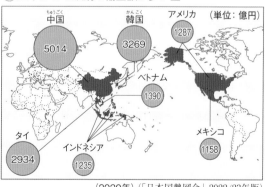

中国 5014
韓国 3269
アメリカ 1287
（単位：億円）
ベトナム 1390
タイ 2934
インドネシア 1235
メキシコ 1158

（2020年）（「日本国勢図会」2022/23年版）

（　　　　　　　　　　　　　　　　　　　　　　　　　　　　　）

❷ けんたさんたちのクラスでは,「日本の食料生産」で学習したことをふり返って話し合っています。次の会話文を読んで,あとの問いに答えましょう。

先生　：最初に米づくりについて,学習しましたね。米は日本の主食です。

さやか：ⓐ米づくりには,適した自然条件があることを知りました。また,農家の人たちがⓑさまざまなくふうをしていることに感心しました。

たかし：野菜づくりの学習では,ⓒキャベツ農家の人たちがほかの地域よりも遅い時期にキャベツをつくって出荷していることを学習しました。農家の人たちのくふうのおかげで,一年中食べられる野菜があるんですね。

けんた：日本は米づくりや野菜づくりのほかに,水産業もさかんです。だけど,ⓓ生産量が以前より減っているなど,さまざまな課題もありました。

(1)　会話文中のⓐについて,さやかさんは以前訪れたオーストラリアでは米づくりがさかんでないことを知り,日本の気候とくらべてみることにしました。右の気温と降水量のグラフと,下の米づくりの1年の仕事の表からわかる米づくりに適した自然条件を簡単に書きましょう。

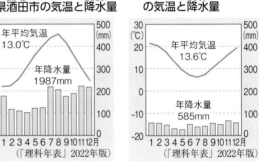

▼米づくりがさかんな山形県酒田市の気温と降水量
▼オーストラリアの首都の気温と降水量

（　　　　　　　　　　　　　　　　　　　　　　　　　　　　　　　）

▼米づくりの1年の仕事 (一例)

3月	4月	5月	6月	7月	8月	9月	10月	11月
種もみを選ぶ	なえを育てる　田おこし　代かき	田植え　農薬をまく　水の管理	田にみぞをほる	中干し　農薬をまく	肥料をあたえる	稲かり・だっこく	かんそう・もみすりに運ぶ　カントリーエレベーター	

(2)　会話文中のⓑについて,さやかさんは,米づくり農家のくふうを右ページのようにカードでまとめています。①～③のカードの見出しにふさわしいものを,次からそれぞれ選びましょう。

①（　　　）　②（　　　）　③（　　　）

㋐　米の消費量を増やすくふう

㋑　安心・安全な米をつくるくふう

㋒　作業の負担を減らしたり,費用をおさえたりするためのくふう

①	②	③
●トラクターやコンバインを共同で買い，共同で利用する。 ●種もみを水田に直接まき，なえづくりの作業をはぶく。	●米粉を使った食品や，とがずにたける無洗米を広める。 ●おいしくて消費者の好みに合った米を，品種改良で開発する。	●農薬や化学肥料をできるだけ使用しないようにする。 ●生産者の名前や顔を，スーパーマーケットの売り場で表示する。

(3)　会話文中のⓒについて，愛知県とくらべた群馬県のキャベツづくりの特色を，気候にもふれながら簡単に書きましょう。

(　　　　　　　　　　　　　　　　　　　　　　)

▼東京都の市場のキャベツの県別入荷先

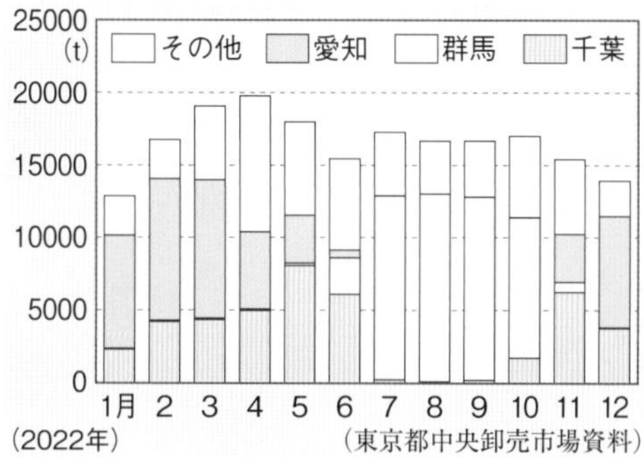
25000
(t)
20000
15000
10000
5000
0
その他
愛知
群馬
千葉
1月 2 3 4 5 6 7 8 9 10 11 12
(2022年)
(東京都中央卸売市場資料)

▼群馬県嬬恋村の気温と降水量

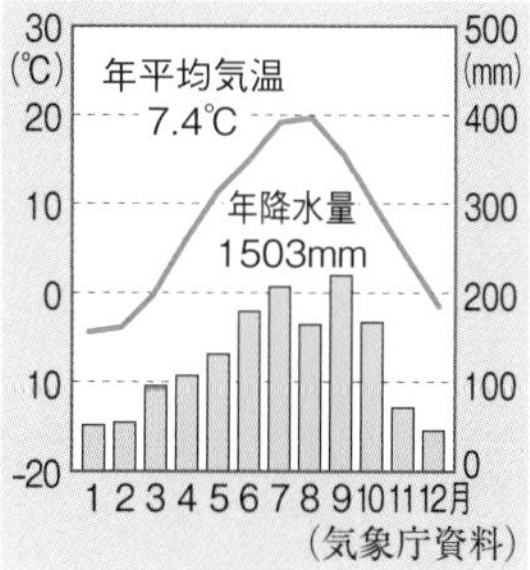
30
(℃)
20
10
0
-10
-20
500
(mm)
400
300
200
100
0
年平均気温
7.4℃
年降水量
1503mm
1 2 3 4 5 6 7 8 9 10 11 12月
(気象庁資料)

▼愛知県豊橋市の気温と降水量

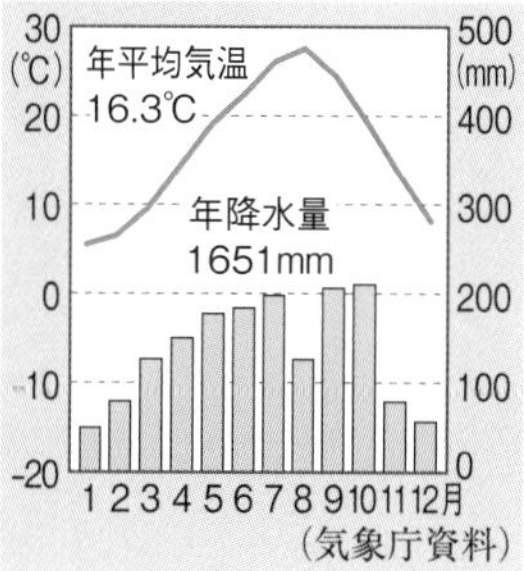
30
(℃)
20
10
0
-10
-20
500
(mm)
400
300
200
100
0
年平均気温
16.3℃
年降水量
1651mm
1 2 3 4 5 6 7 8 9 10 11 12月
(気象庁資料)

(4)　会話文中のⓓについて，沖合漁業の生産量を示したグラフを右の㋐〜㋓から選びましょう。また，遠洋漁業の生産量の変化と関係が深い資料を，下から選び，選んだ理由も書きましょう。

沖合漁業のグラフ　(　　　)

遠洋漁業に関する資料(　　　)

資料を選んだ理由

(　　　　　　　　　　　　　　　　)

▼漁業種類別の生産量の変化

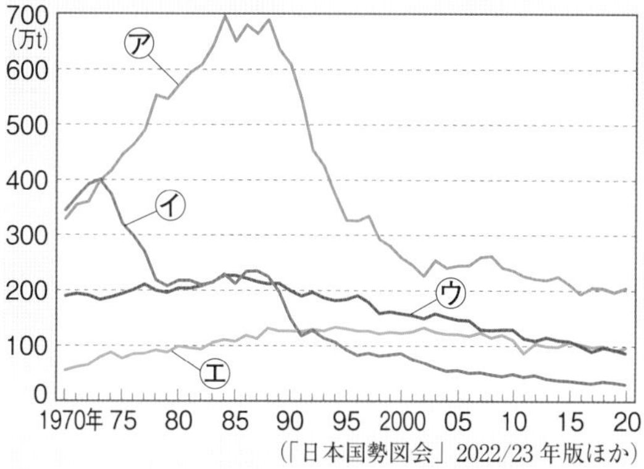
700
(万t)
600
500
400
300
200
100
0
㋐
㋑
㋒
㋓
1970年 75 80 85 90 95 2000 05 10 15 20
(「日本国勢図会」2022/23年版ほか)

資料A　全体の漁業生産量にしめる養しょくの割合

年	1975	1985	1995	2005	2020
割合	7.4%	9.1%	17.9%	21.4%	23.6%

資料B　200海里水域の範囲

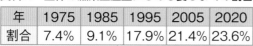

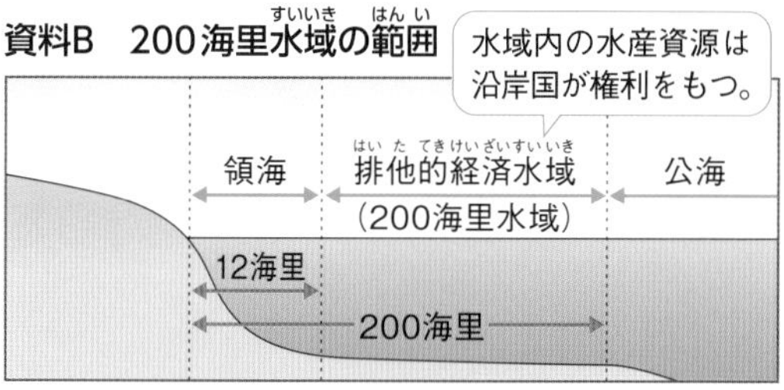
水域内の水産資源は
沿岸国が権利をもつ。
領海
排他的経済水域
(200海里水域)
公海
12海里
200海里

資料C　日本近海でとれるいわしの生産量の変化

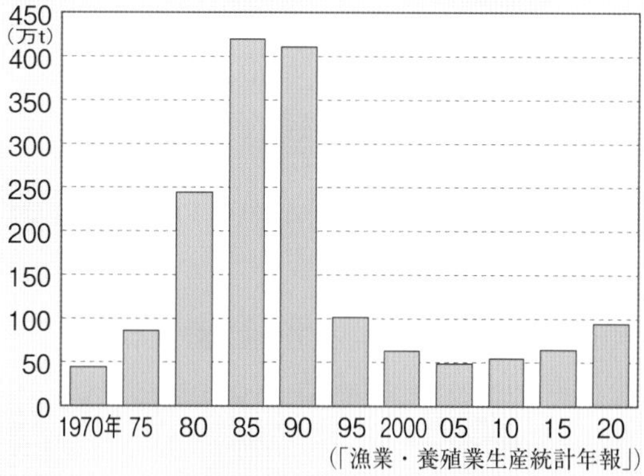
450
(万t)
400
350
300
250
200
150
100
50
0
1970年 75 80 85 90 95 2000 05 10 15 20
(「漁業・養殖業生産統計年報」)

❸ えまさんは、大きな地震が発生したり台風が接近したりしたときに、どのメディアを利用して情報を入手するとよいか、家族で話し合っています。次の会話文を読んで、あとの問いに答えましょう。

> えま：　**A**　は最新の情報を映像や音声で入手できるから、いち早く確認したいよね。
>
> 母　：でも、停電が起きると　**A**　を見られないかもしれない。その点、　**B**　は音声のみだけど、停電時も利用できて、避難所などに持っていくこともできるね。
>
> 父　：同じく　**C**　も持ち運びできるけど、最新の情報を入手することはできないね。
>
> えま：やっぱりスマートフォンなどから、ⓐインターネットを利用して情報を入手するのが一番早いし楽なんじゃないかな。
>
> 父　：災害時にはインターネットがつながりにくいこともあるんだ。それに、SNSなどには　**D**　から注意が必要だよ。

(1) 会話文中の　**A**　～　**C**　にあてはまるメディアを、次からそれぞれ選びましょう。　　　　A（　　　）　B（　　　）　C（　　　）

　　㋐　新聞　　㋑　テレビ　　㋒　ラジオ

(2) 会話文中の下線部ⓐのインターネットの広がりについて、下の2つの資料から読み取れることとして誤っているものを、次から選びましょう。（　　　）

　　㋐　高齢者にもインターネットを利用する人が増えてきている。

　　㋑　現在、最もふきゅう率が高い情報通信機器はスマートフォンである。

　　㋒　2010年代にパソコンとタブレットが急速にふきゅうした。

▼世代別のインターネットの利用状況

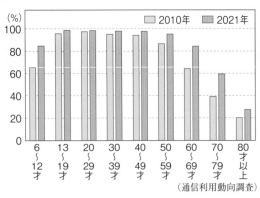

（通信利用動向調査）

▼おもな情報通信機器のふきゅう率

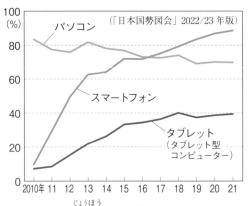

（「日本国勢図会」2022/23年版）

(3) 会話文中の　**D**　にあてはまる、インターネットで情報を入手するときに注意すべきことを簡単に書きましょう。

（　　　　　　　　　　　　　　　　　　　　　　　　　　　　　）

しあげのテスト(1)

※答えは，解答用紙の解答欄に書き入れましょう。

時間 50分　解答▶22ページ　満点 100点

1 世界のすがたについて，次の地図を見て，あとの問いに答えましょう。

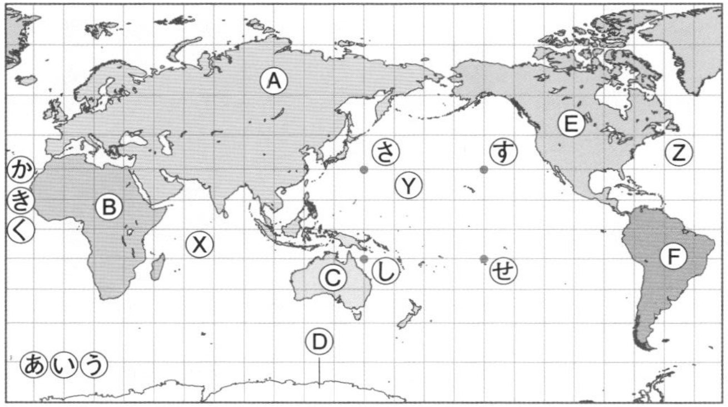

(1) 次の文にあてはまる大陸を，[A]～[F]からそれぞれ選びましょう。

① 1つの大陸で1つの国となっている。

② アジア州とヨーロッパ州に分けることができる。

③ 植民地支配のなごりで直線的な国境が多い。

(2) 次の国旗の国がある大陸を，[A]～[F]からそれぞれ選びましょう。

①

②

③
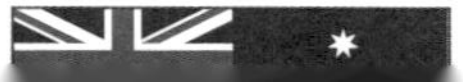

3 日本の地形と気候について，次の問いに答えましょう。

(1) 右の地図を見て，次の問いに答えましょう。

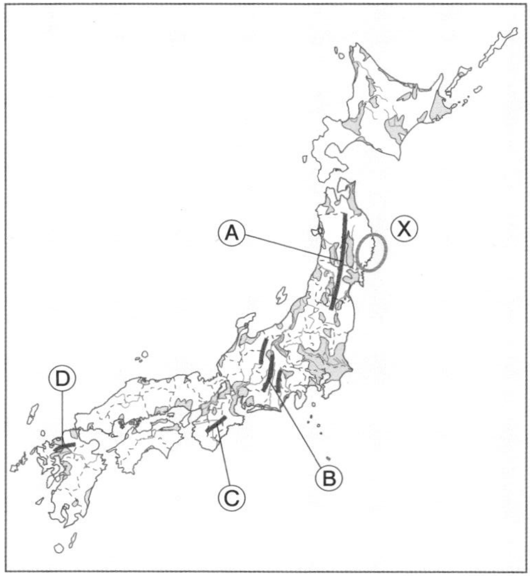

① [A]～[D]の山地・山脈名を，次からそれぞれ選びましょう。

[ア] 筑紫山地

[イ] 木曽山脈

[ウ] 奥羽山脈

[エ] 紀伊山地

② [X]の地域で見られる海岸地形を，次から選びましょう。

[ア]
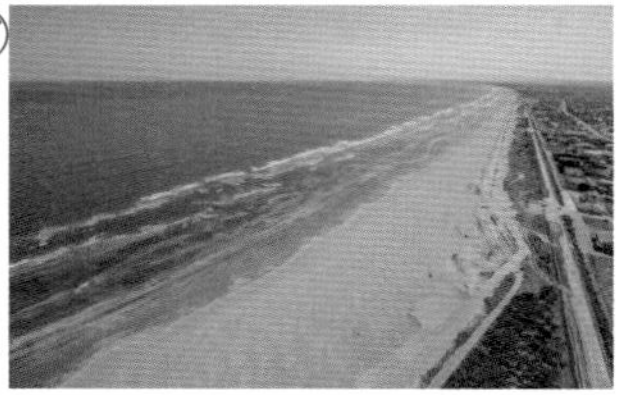

[イ]
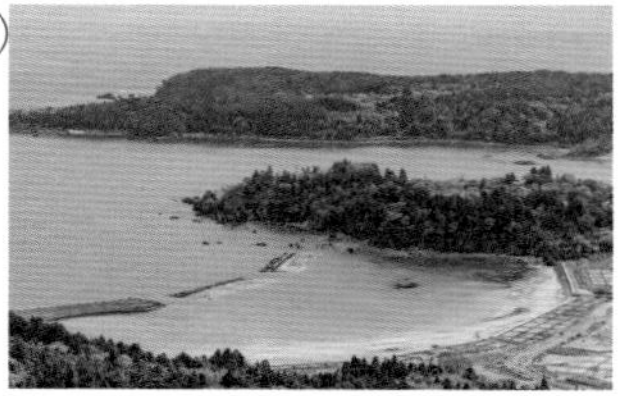

③ 地図中の　　　は日本のおもな平野を示しています

④ 日本の食料生産について、次の問いに答えましょう。

(1) 米づくりについて、次の写真にあてはまる仕事の内容を、下からそれぞれ選びましょう。

 ①　 ②　 ③

ア　田の水の深さを調節する。

イ　病気や害虫を防ぐために農薬をまく。

ウ　田の土を耕す。

(2) 右のグラフは、7地方区分別の米の生産量を示しています。グラフ中のⒶにあてはまる地方はどこですか。

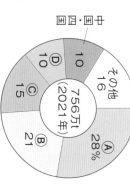

その他 16
756万t（2021年）
Ⓐ 28%
Ⓑ 21
Ⓒ 15
Ⓓ 10
10
中国・四国

（日本国勢図会「2022/23年版」）

(3) 次の表は、おもな上位の都道府県の生産量が上位のものです。あてはまるものを、下からそれぞれ選びましょう。

① （2020年）

1位	和歌山
2位	静岡
3位	愛媛
4位	熊本

② （2020年）

1位	山梨
2位	福島
3位	長野
4位	山形

③ （2020年）

1位	山梨
2位	長野
3位	山形
4位	岡山

(5) 養しょくとさいばい漁業のちがいを、次の図を参考に、簡単に書きましょう。

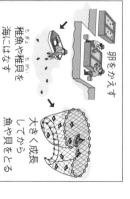

大きくなるまでいけすなどで育てる
出荷する
養しょく

卵をかえす
稚魚や稚貝を海にはなす
大きく成長してから魚や貝をとる
さいばい漁業

(6) 次の表のⒶ〜Ⓒにあてはまるおもな家畜の飼育頭数が多い都道府県を、下からそれぞれ選びましょう。

① ぶた （2021年）

1位	Ⓐ
2位	Ⓑ
3位	Ⓒ
4位	群馬

② 肉牛 （2021年）

1位	Ⓒ
2位	Ⓐ
3位	Ⓑ
4位	熊本

③ 乳牛 （2021年）

1位	Ⓒ
2位	栃木
3位	熊本
4位	岩手

ア　北海道　イ　宮崎県　ウ　鹿児島県

(7) 次の表は、おもな国の食料自給率を示しています。これを見て、あとの問いに答えましょう。

日本	37%	イギリス	65%	イタリア	60%
アメリカ	132%	ドイツ	86%	フランス	125%

（2019年　ほか）（日本国勢図会「2022/23年版」）

㋐ もも　㋑ みかん　㋒ ぶどう

(4) 次の表のように，ことなる農作物を順番につくっている農家があります。その理由を簡単（かんたん）に書きましょう。

	1年目	2年目	3年目	4年目	5年目
畑A	じゃがいも	たまねぎ	はくさい	だいこん	きゅうり
畑B	たまねぎ	はくさい	だいこん	きゅうり	じゃがいも

① 日本の食料自給率（りつ）は，ほかの国とくらべてどうなっていますか。

② 日本でとくに自給率（りつ）が低い農作物を，次から２つ選びましょう。

㋐ 野菜　㋑ 米　㋒ 小麦　㋓ 大豆

メキメキ ひらめきトピックス

右の地図中のⒶ～Ⓓの部分にあてはまる島を次からそれぞれ選び，○○○ にあてはまる島の名前をひらがなで書きましょう。

㋐
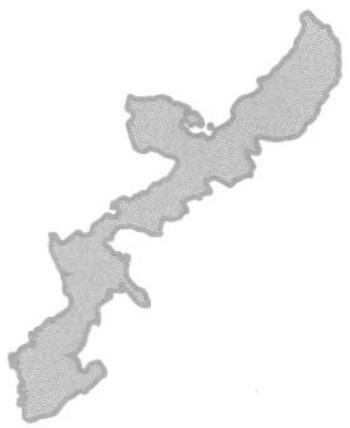
○○○○ 島

㋑
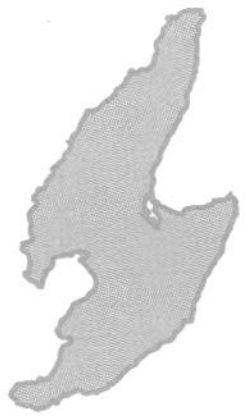
○○ 島

㋒
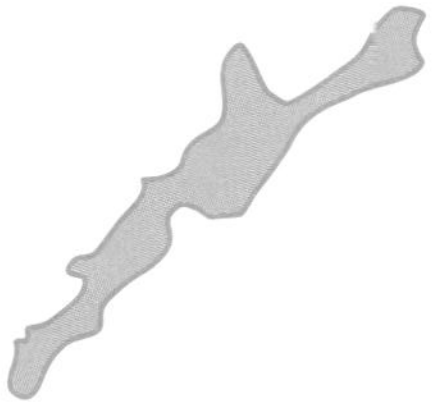
○○○○ 島

㋓
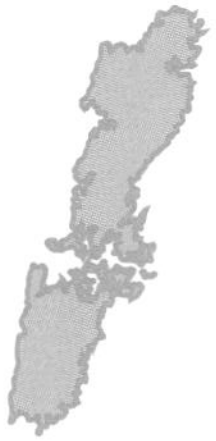
○○○

※島の縮尺（しゅくしゃく）はそれぞれことなります。

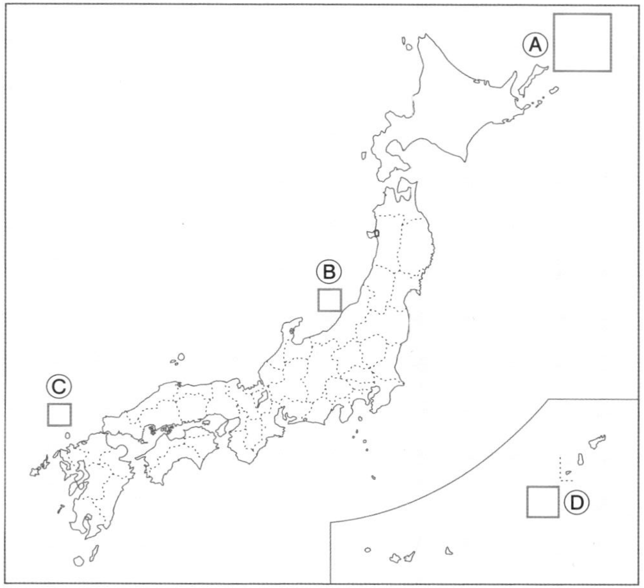

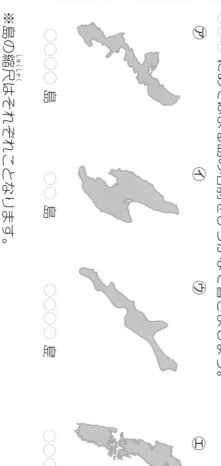

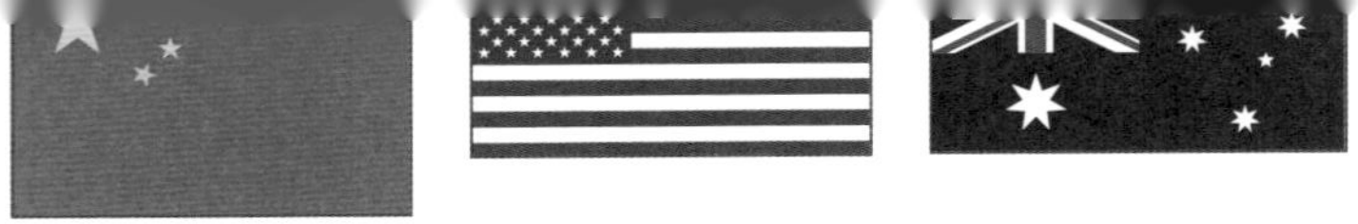

(3)　Ⓧ～Ⓩの海洋をそれぞれ何といいますか。

(4)　本初子午線を[あ]～[う]から選びましょう。

(5)　赤道を[か]～[く]から選びましょう。

(6)　北緯30度，東経150度の地点を，[さ]～[せ]から選びましょう。

2 日本の位置と領域について，右の地図を見て，次の問いに答えましょう。

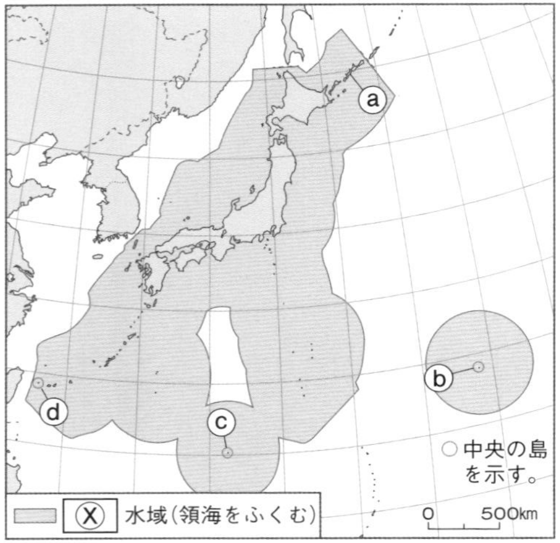

(1)　Ⓧにあてはまる言葉を書きましょう。

(2)　ⓐ～ⓓは，いずれも日本の東西南北のはしにあたる島です。このうち，水没を防ぐために護岸工事が行われた島を選びましょう。

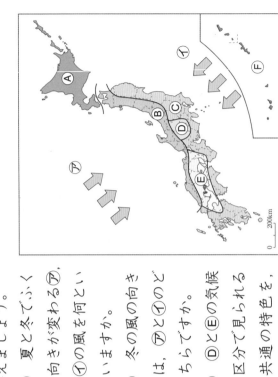

日本の平野にはどんな特ちょうがありますか。簡単に書きましょう。

(2)　日本の気候区分を示した右の地図を見て，次の問いに答えましょう。

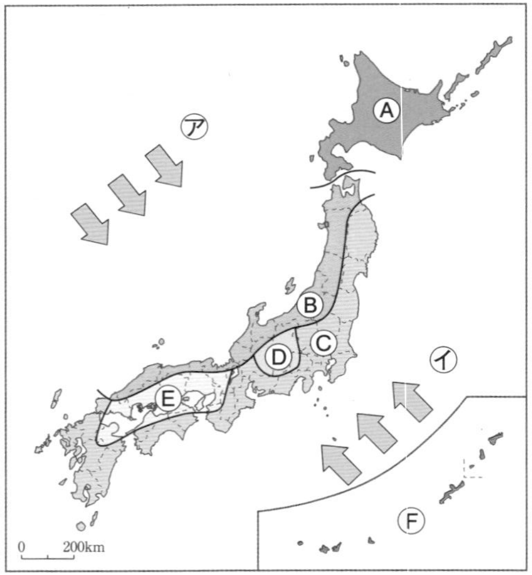

①　夏と冬でふく向きが変わる㋐，㋑の風を何といいますか。

②　冬の風の向きは，㋐と㋑のどちらですか。

③　ⒹとⒺの気候区分で見られる共通の特色を，次から選びましょう。

㋐　冬は寒さがきびしい。　㋑　年降水量が多い。

㋒　年降水量が少ない。　㋓　冬でもあたたかい。

④　はっきりとしたつゆが見られない気候区分を，Ⓐ～Ⓕから選びましょう。

《問題は裏に続きます。》

しあげのテスト(2)

※答えは，解答用紙の解答欄に書き入れましょう。

時間 50分　　解答▶23ページ　　満点 100点

1 おもな工業地帯・地域について，次の地図を見て，あとの問いに答えましょう。

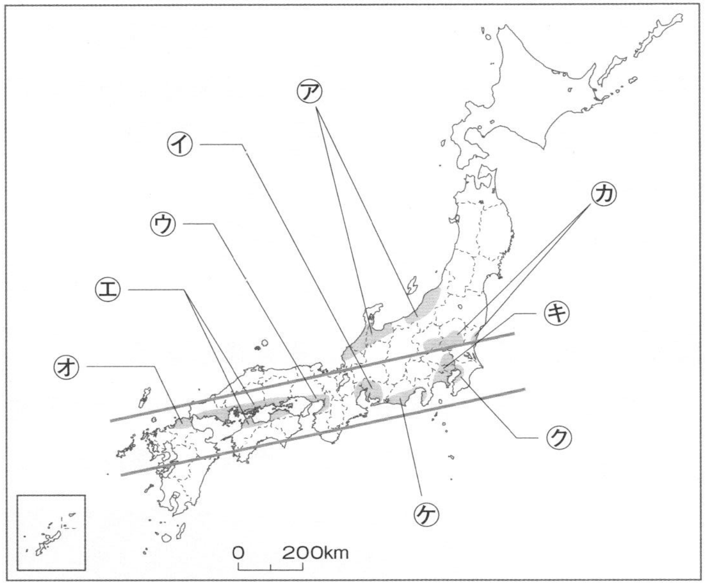

㋐
㋑
㋒
㋓
㋔
㋕
㋖
㋗
㋘
0　200km

(1) 次の工業生産額のグラフにあてはまる工業地帯・地域の位置を，地図中の㋐～㋘からそれぞれ選びましょう。

①59兆円

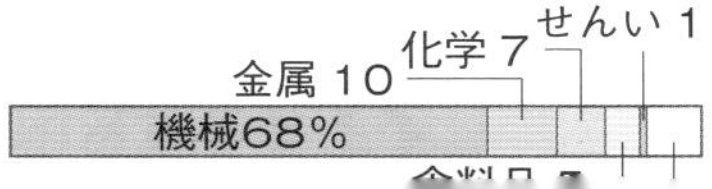

機械68%
金属10
化学7
せんい1

②13兆円

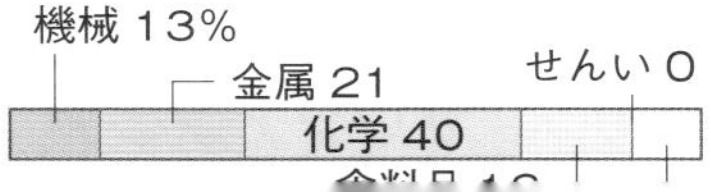

機械13%
金属21
化学40
せんい0

(2) 下線部ⓑについて，製鉄所と石油化学コンビナートの立地の共通点を簡単に書きましょう。

(3) 下線部ⓒについて，水産業で生産されたものを加工した製品として誤っているものを，次から選びましょう。

㋐ みそ　㋑ かつお節　㋒ かまぼこ

(4) 日本では，古くから伝わる技術を用いた伝統工業も各地でさかんです。次の伝統工業の工芸品の原料や材料となっているものを，下からそれぞれ選びましょう。

① 焼き物

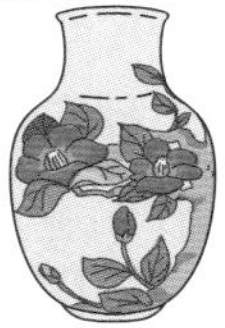

② 和紙

③ ぬり物

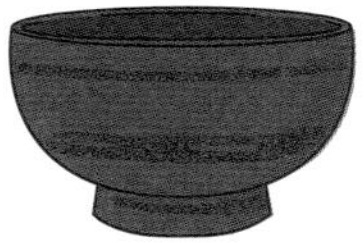

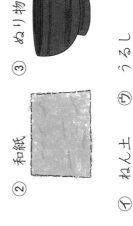

㋐ こうぞ　㋑ ねん土　㋒ うるし

(5) 下線部ⓓについて，次の資源の輸入相手国を示しているグラフを，下からそれぞれ選びましょう。

① 鉄鉱石　② 石油

㋐

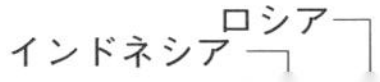

ロシア
インドネシア

㋑

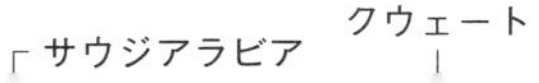

サウジアラビア
クウェート

（６） 下線部ⓔについて、近年加工貿易の形がくずれてきています。日本の輸入品の変化を示した次のグラフを参考に、日本の貿易がどう変化しているか、簡単に書きましょう。

1960年 2兆円
| せんい原料 18% | 13 | 7 | その他52 |

石油　機械類　鉄鉱石5　鉄くず5

↑

2020年 68兆円
| 機械類 27% | 9 | その他50 |

石油　液化ガス5　衣類4　医薬品5
（日本国勢図会「2022/23年版」）

（７） 下線部(f)について、おもに①原油を運ぶ船と、②自動車を運ぶ船を、次からそれぞれ選びましょう。

（ウ）　（イ）　（ア）

（８） 下線部(f)について、国内で貨物輸送・旅客輸送ともに輸送の中心となっているものを、次から選びましょう。
（ア）船　（イ）自動車　（ウ）鉄道　（エ）飛行機

（ウ）
| オーストラリア65% | 12 | 11 | 5 | 7 |

アメリカ　その他

| オーストラリア 36% | 14 | 12 | 10 | その他28 |

マレーシア　カタール　アメリカ　その他

（エ）
| 40% | 35 | 8 | 8 | 9 |

アラブ首長国連邦　国連邦　カタール　その他

南アフリカ3
| ブラジル58% | 27 | 6 | 6 |

オーストラリア　カナダ　その他

（日本国勢図会「2022/23年版」）

（ア）〜（ウ）は2021年、（エ）は2020年

その他9
その他10
（データでみる県勢「2022年版」）

（2019年）

（２） おもな工業地帯・地域が集中する、地図中の ＝＝ の地域を何といいますか。

（３） かつて工業地帯・地域は海ぞいを中心に発達してきましたが、近年内陸部にも工業団地が進出し、工業地域が形成されています。その理由を簡単に書きましょう。

２ さまざまな工業や日本の資源・エネルギー、輸送と貿易について、次の文を読んで、あとの問いに答えましょう。

工業は、大きく@機械工業、せんい工業、(b)金属工業、化学工業、ⓒ食料品工業、その他の工業に分けることができる。ⓓ資源にとぼしい日本では、ⓔ原材料を輸入して製品をつくり、それを輸出する加工貿易で工業が発展した。工業の発展は、原材料や製品を運ぶ船やトラックなどの(f)輸送機関に支えられている。

（１） 下線部@の機械工業について、次の自動車工業の作業を、順番に並べかえましょう。
（ア）出荷　（イ）組み立て　（ウ）とそう
（エ）プレス　（オ）検査　（カ）ようせつ

トクとトクイになる！

小学ハイレベルワーク

社会 5 年

答えと考え方

「答えと考え方」は、
とりはずすことが
できます。

1 世界のすがた

標準レベル＋　4〜5ページ

1

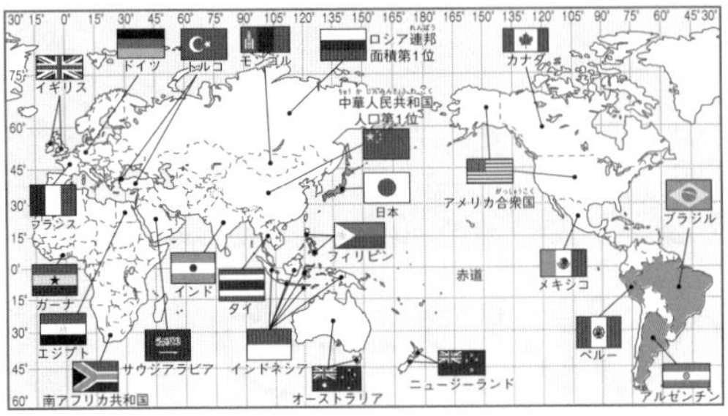

①6つ　②3つ
③ユーラシア大陸　④海洋
⑤太平洋

2 ①アジア州　②ヨーロッパ州
③アフリカ州　④北アメリカ州
⑤南アメリカ州　⑥オセアニア州

ポイント 世界の国々は6つの州に分けることができます。その中でも，アジア州は面積が最大で，人口も最も多くなっています。

ハイレベル＋＋　6〜7ページ

❶ (1)ユーラシア大陸　(2)インド洋
(3)中華人民共和国，インド，パキスタン
(4)カナダ，アメリカ合衆国
(5)①㋒　②㋑　③㋐
(6)[例]国旗にはその国の由来や大切な意味がこめられているから。

❷ (1)アジア州　(2)㋑
(3)①Ⓓ　②Ⓒ　③Ⓑ　④Ⓐ

思考力トレーニング ㋑

考え方

❶ (1) ユーラシア大陸は最大の大陸で，アジア州とヨーロッパ州に分けることができます。

(2) インド洋は，Ⓐのユーラシア大陸，Ⓑのアフリカ大陸，Ⓓのオーストラリア大陸にはさまれた海洋です。

(3) Ⓐのユーラシア大陸には，中華人民共和国(中国)とインド，パキスタンがあります。このうち，中国とインドの人口が10億人を超えています。アメリカ合衆国はⒺの北アメリカ大陸にある国です。また，インドネシアは日本と同じ島国です。

(4) ロシア連邦と中国はⒶのユーラシア大陸，ブラジルはⒻの南アメリカ大陸にある国です。

(5) ①イギリスの国旗はユニオンジャックと呼ばれます。かつてイギリスの植民地だったオセアニア州の国々は，国旗の一部にユニオンジャックがふくまれています。②カナダの国旗には，国のシンボルであるカエデの葉がえがかれています。③トルコはイスラム教徒が多い国で，イスラム教の象徴である三日月と星が国旗にえがかれています。

(6) 国旗の意味を知ることで，その国の成り立ちや人々の思いを学ぶことができます。

❷ (1) アジア州はさらに細かく東アジア，東南アジア，南アジア，西アジア，中央アジアの地域に分けることができ，日本はその中で東アジアに属します。

(2) アジア州とヨーロッパ州は，ロシア連邦のウラル山脈などが境となっています。

(3) ①南アメリカ州のブラジルやアルゼンチンなどは，日本から最も遠くにある国々です。②キューバやドミニカ共和国，ジャマイカなどカリブ海の国々も北アメリカ州に属します。③太平洋にある島々もオセアニア州に属します。④アフリカ州には50を超える国々があり，多くの国が発展のと中で近年人口が急増しています。

思考力トレーニング アメリカ合衆国が独立したときの国旗は，左上の星も現在の帯の数と同じ13個でした。㋐はブラジルの国旗で，緑は森林を，黄色は鉱産資源を表しています。㋒はオーストラリアの国旗で，イギリスの植民地だったことから国旗の一部にイギリスの国旗がふくまれています。㋓は中国の国旗で，大きな星は中国共産党を，小さな4つの星は労働者，農民，知識階級，愛国的資本家を表しています。

2 世界地図と地球儀

標準レベル＋　8〜9ページ

[1] ①緯線　②90
③北緯　④南緯
⑤経線　⑥180
⑦東経　⑧西経

[2] ①アメリカ合衆国　②オーストラリア
③ペキン　④ブエノスアイレス

ポイント 緯度は赤道を0度として，南北を90度ずつに分けます。経度は，イギリスのロンドンにある旧グリニッジ天文台を通る線（本初子午線）を0度として，東西を180度ずつに分けます。

ハイレベル＋＋　10〜11ページ

[1] (1)①Ⓐ　②㋒
(2)①地図1Ⓔ　地図2Ⓗ
②㋑，㋓
(3)南緯30度，東経120度
(4)㋐

[2] (1)地球儀
(2)[例]陸地の形や面積，きょり，方位などがすべて正しく表されている。
(3)①ペキン　②ブエノスアイレス
③シドニー

思考力トレーニング [例]地図1では，グリーンランドと南アメリカ大陸は東京から同じくらいのきょりにあるように見えるが，**地図2**を見ると，実際は南アメリカ大陸のほうが遠くにあることがわかる。

考え方

[1] (1) ①②本初子午線はイギリスのほか，ヨーロッパ州のフランスやスペイン，アフリカ大陸の西部を通っています。

(2) ①②赤道はアフリカ大陸の中央部，インドネシアのスマトラ島やカリマンタン島，南アメリカ大陸の北部を通っています。

(3) **地図1**では，緯線と経線が30度ごとに引かれているので，それぞれ赤道（緯度0度），本初子午線（経度0度）から何本目に地点ⓐがあるかを数えて，緯度と経度を求めます。

(4) 日本は北緯約20〜46度，東経約122〜154度にあります。日本と同じくらいの緯度の国には，地中海に面するヨーロッパ州のイタリアやスペイン，アジア州のイランや中国，北アメリカ州のアメリカ合衆国などがあります。

[2] (2) 世界地図は，地球儀のように陸地の形や面積，きょり，方位などをすべて同時に正しく表すことはできません。そこで目的に応じて地図を使い分ける必要があります。世界地図には，緯線と経線が直角に交わる地図，中心からのきょりと方位が正しい地図，面積が正しい地図などがあります。世界地図の長所としては，世界全体をひと目で確認でき，持ち運びやすいことがあります。

(3) ①②東京からのきょりの目安が1000km，5000km，10000km，15000kmの円で示されているので，それらをもとに見くらべましょう。③東京からの方位が正しく表されているので，地図の上は東京から見て北の方角，下は東京から見て南の方角にあたります。

思考力トレーニング **地図1**はきょりや方位，面積などは正しく表されていません。中心からのきょりと方位が正しい**地図2**の図法の世界地図は，最短きょりが直線で表されるため，航空機の運航に利用されてきました。

特集 世界の不思議な自然遺産　12〜13ページ

★ ①ベトナム　②アフリカ州
③アメリカ合衆国　④エクアドル
⑤オセアニア州

社会のヒトコト
日本では，「知床」，「白神山地」，「小笠原諸島」，「屋久島」，「奄美大島，徳之島，沖縄島北部および西表島」が世界自然遺産に登録されています（2022年現在）。

3 日本の位置と領域

標準レベル＋ 14～15ページ

1 ①択捉島 ②与那国島
③南鳥島 ④沖ノ鳥島
⑤ユーラシア大陸 ⑥島国
⑦本州

2 ①中華人民共和国 ②フィリピン
③ロシア連邦 ④大韓民国

ポイント 日本は多くの島々からなる島国で，東西南北のはしも島となっています。国のはんいは，領土・領海・領空からなり，領海の外側には排他的経済水域が広がっています。

ハイレベル＋＋ 16～17ページ

1 (1)[例]ユーラシア大陸の東にある。〔太平洋の西にある。〕
(2)㋑ (3)㋒
(4)Ⓒ㋑ Ⓓ㋒
(5)①ⓐ㋓ ⓑ㋑ ⓒ㋐ ⓓ㋒
②[例]水没すると日本の排他的経済水域が減ってしまうため。
③㋒

2 (1)㋔ (2)㋐
(3)㋓

3 (1)
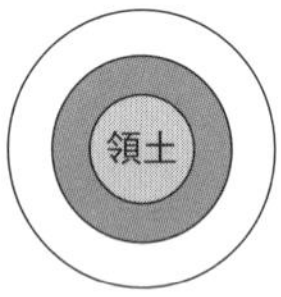

(2)
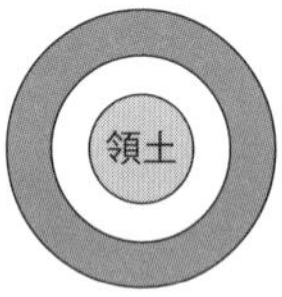

思考力トレーニング [例]日本はまわりを海に囲まれた島国で，離島も多いから。

考え方

1 (1) 日本の位置を，大陸や海洋との関係から答えられるようにしておきましょう。日本はユーラシア大陸のすぐ東にあり，中国や韓国などの国々と海をはさんで向かい合っています。

(2)(3) 日本のはんいを緯度と経度で示すと，南北は北緯約20～46度，東西は東経約122～154度のはんいとなります。北緯40度の緯線と東経140度の経線が，秋田県の男鹿半島の付け根で交わることを覚えておきましょう。

(4) 日本はまわりを太平洋，オホーツク海，日本海，東シナ海に囲まれています。

(5) ①ⓐ日本の北のはしの択捉島（北海道）です。北海道の北東部にある択捉島，国後島，色丹島，歯舞群島をまとめて北方領土といいます。ⓑ日本の東のはしの南鳥島（東京都）です。南鳥島は日本の南のはしではなく，東のはしなので注意しましょう。ⓒ日本の南のはしの沖ノ鳥島（東京都）です。ⓓ日本の西のはしの与那国島（沖縄県）で，台湾とは約110kmのきょりにあります。 ②沖ノ鳥島は，満潮時には海面上に小さな岩が現れるだけで水没のおそれがあったため，まわりをコンクリートブロックで囲む工事が行われました。
③日本列島は，約7000の島々が南北約3000kmにわたって弓なりに連なっています。

2 (1) 日本が輸入しているバナナの約75％はフィリピン産です。

(2) ロシアの国土面積は，日本の国土面積の約45倍もあります。

(3) 韓国は朝鮮半島の南部にあり，古くから日本と交流があります。ハングルという独自の文字が使われていて，キムチなどの食べ物は日本でもよく知られています。

3 (1) 領海は，海岸線から12海里（約22km）までの海域です。

(2) 排他的経済水域は，海岸線から200海里（約370km）までのはんいで，領海をのぞく海域です。沿岸国は水産資源や海底の鉱産資源を自由に管理・開発できます。

思考力トレーニング 日本の領海と排他的経済水域を合わせた面積は国土面積の10倍以上にもなり，世界でも10位以内に入ります。日本のほかにも，インドネシアやニュージーランドなどの島国は，国土面積にくらべて排他的経済水域の面積がかなり広くなっています。

4 日本の地形

標準 レベル+　18〜19ページ

1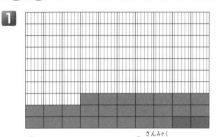

①3　　　　　　②山脈

③平野　　　　　④急

⑤短い

2 ①リアス海岸　　②砂浜海岸

ポイント 日本の地形は，国土の約4分の3を山地がしめ，山がちなことが特色です。また，日本は国土がせまく，山地から流れ出た川がすぐに海に流れ出すため，川の長さは短く，流れが急なことも特色です。

ハイ レベル++　20〜21ページ

1 (1)①B　②A　③D　④C

(2)①日本の屋根〔日本アルプス〕

　　②長野県

(3)例火山のまわりには温泉も多く，観光地になっている。

(4)エ

(5)ⓐエ　ⓑイ　ⓒウ　ⓓア

2 (1)Ⓐ下北半島　Ⓑ○　Ⓒ紀伊半島

(2)①ⓓ　②ⓑ　③ⓒ

(3)琵琶湖

(4)ⓖ

思考力トレーニング 変化…例入り組んだ川の流れが整理された。 理由…例洪水などの水害を防ぐための治水工事が行われたから。

考え方

1 (1) 日本のおもな山地・山脈は，東日本では南北方向，西日本では東西方向に連なっています。②奥羽山脈は東北地方の中央部に連なり，

「東北地方の背骨」とも呼ばれます。

(2) ①標高3000m級の山々が連なる飛驒山脈，木曽山脈，赤石山脈をまとめた呼び名です。飛驒山脈は「北アルプス」，木曽山脈は「中央アルプス」，赤石山脈は「南アルプス」とも呼ばれます。

(3) 「地熱発電に利用されている。」などでも正解です。Ⓨの桜島（鹿児島県）など火山が多い九州地方には，温泉が多く，観光地としてにぎわっています。地熱発電は，火山の地下深くの蒸気や熱水を利用した発電方法です。

(4) Ⓩは浅間山山ろくにある群馬県の嬬恋村です。低温で夏はすずしく，冬は寒さがきびしい気候で，夏のすずしい気候をいかして，キャベツなどの高原野菜をさいばいしています。

(5) ⓐの最上川は日本三大急流の1つで，ⓑの信濃川は日本最長の川です。

2 (1) Ⓐ陸奥湾を囲む津軽半島と下北半島の名前と位置をまちがえないようにしましょう。ほかにも，愛知県の知多半島と渥美半島，鹿児島県の薩摩半島と大隅半島の名前と位置はまちがえやすいので気をつけましょう。

(2) ⓐは択捉島，ⓔは沖縄島です。

(3) 琵琶湖は日本一大きな湖で，滋賀県の面積の約6分の1をしめています。

(4) 写真は千葉県の九十九里浜で，風などで運ばれた砂が積もってできた砂浜海岸が広がっています。ⓕは東北地方の太平洋側に広がる三陸海岸，ⓗは福井県の若狭湾沿岸，ⓘは三重県の志摩半島で，いずれも出入りが複雑なリアス海岸が広がっています。

思考力トレーニング 岐阜県の海津市付近は木曽川，長良川，揖斐川の下流にあたり，川の水面と同じくらいか水面よりも低いところに，家や田畑が広がっています。そのため，昔から大雨が降るたびに，水害になやまされてきました。そこで，川の流れを変えたり，堤防や排水機場をつくったりする治水の取り組みが行われてきました。海津市付近には，家や田畑のまわりを堤防で囲んだ輪中と呼ばれる地域が見られます。

5 日本の気候

標準レベル＋ 22～23ページ

1 静岡市の月別降水量　上越市の月別降水量

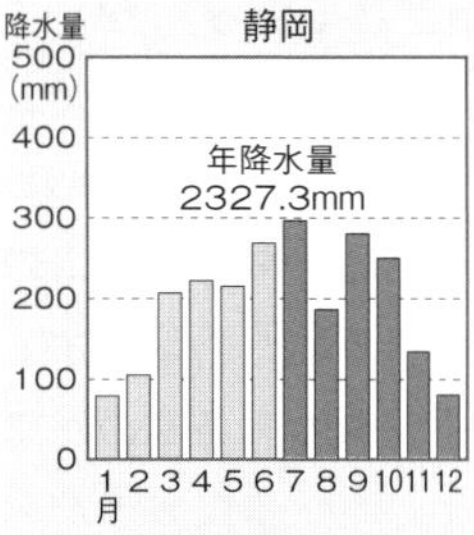

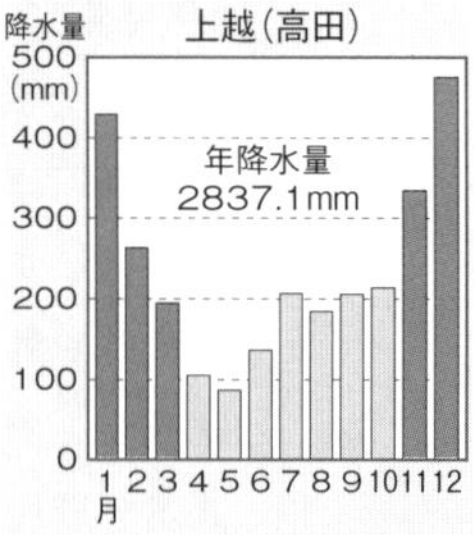

①夏　②冬

③南東　④北西

2 ①台風　②二重

ポイント 日本の気候は，四季の変化がはっきりしていることが特色です。6～7月ごろにはつゆ，夏から秋にかけては台風がやってきて被害が出ることもあります。また，夏と冬の季節風が気候にえいきょうをあたえることも特色の1つです。

ハイレベル＋＋ 24～25ページ

❶ (1)季節風　(2)冬

(3)例ぶつかる前はしめった風で，ぶつかったあとはかわいた風に変わる。

❷ (1)つゆ　(2)台風

(3)Ⓐ㋕　Ⓑ㋒　Ⓒ㋔　Ⓓ㋐　Ⓔ㋓　Ⓕ㋑

(4)①㋐　②先住民族〔先住民〕

(5)①㋐，㋑，㋓

②例台風が多く通るため，台風の強風から家を守る必要があるから。

思考力トレーニング 例高松市の降水量が1年を通じて少ないのはなぜですか。

考え方

❶ (1)(2)　季節風は，冬はユーラシア大陸(北西)から，夏は太平洋(南東)から日本列島にふいてきます。

(3)　しめった風は山地にぶつかってその手前の地域に雨や雪を降らせ，山地をこえるとかわいた風となってふき下ろします。そのため，冬にかわいた風がふく太平洋側の地域は，晴れた日が多くなります。

❷ (3)　Ⓐ北海道の気候で，冬の気温がとくに低く夏もすずしい㋕のグラフ(札幌市)があてはまります。Ⓑ日本海側の気候で，冬の降水量が多い㋒のグラフ(上越市)があてはまります。Ⓒ太平洋側の気候で，夏の降水量が多い㋔のグラフ(東京)があてはまります。Ⓓ中央高地の気候で，1年を通じて降水量が少なく，冬の気温が低い㋐のグラフ(松本市)があてはまります。Ⓔ瀬戸内海の気候で，1年を通じて降水量が少なく，冬はわりと温暖な㋓のグラフ(高松市)があてはまります。Ⓕ南西諸島の気候で，一年中あたたかく降水量が多い㋑のグラフ(那覇市)があてはまります。

(4)　①㋑は夏でもすずしい群馬県や長野県の高原などで行われている農業の特色です。②近年アイヌの人々の文化を大切にするための取り組みが進められています。

(5)　②沖縄県などの南西諸島は，台風の通り道となることが多い地域です。そのため，伝統的な家には，まわりを石垣や木で囲んだり，かわらが飛ばないようにしっくいでとめたりするくふうが見られます。

思考力トレーニング 資料1から高松市は高知市にくらべて降水量がとても少ないこと，資料2から，高松市は中国山地と四国山地にはさまれた地域にあり，夏と冬の季節風がそれらの山地にさえぎられていることがわかります。

特集 世界の住居に遊びに行こう！ 26～27ページ

★ ①インドネシア　②オマーン

③イタリア　④カナダ

社会のヒトコト
世界各地の住居には，地域の気候や生活習慣に合わせたくふうがあり，家のおもな材質も木や土，石などさまざまです。

6 米づくり

標準レベル＋ 28〜29ページ

1

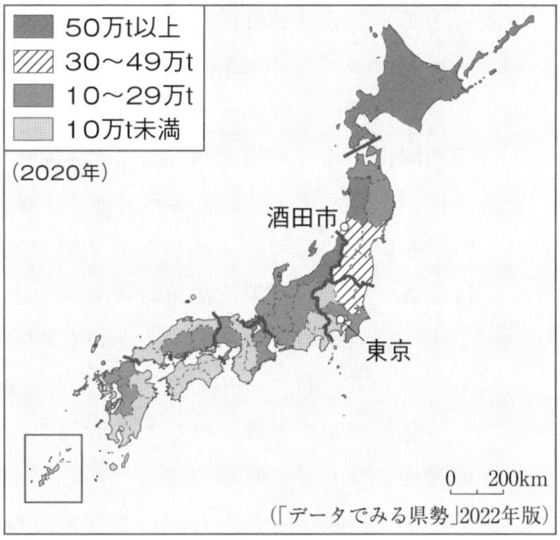
50万t以上
30〜49万t
10〜29万t
10万t未満
(2020年)
酒田市
東京
0 200km
(「データでみる県勢」2022年版)

①東北地方　②新潟県
③多　④日照時間

2 ①田おこし　②田植え
③水の管理　④稲かり

ポイント 米づくりに適した地形や気候の条件をおさえておきましょう。農家の人たちは機械化を進めたり，耕地整理（ほ場整備）を行ったりして，生産性を高めるくふうをしてきました。

ハイレベル＋＋ 30〜31ページ

1 (1)[例]夏の気温が高い。夏の日照時間が長い。
(2)[例]酒田市は，冬の降水量（雪）が宮古市とくらべて多く，雪どけ水が豊富にもたらされるから。

2 [例]米づくりがさかんな道県には，大きな川が流れる広い平野が見られる。

3 (1)①Ⓐ㋒　Ⓑ㋑　Ⓒ㋐
②耕地整理〔ほ場整備〕
③長所…[例]作業が楽になり，作業時間が短くなる。
短所…[例]機械の値段が高く，修理や燃料にもお金がかかる。

(2) Ⓒ→Ⓑ→Ⓓ→Ⓐ

思考力トレーニング ㋒

考え方

1 (1) 稲が生長する春から夏にかけての気温と日照時間を，**グラフ1・2**から読み取りましょう。酒田市は夏の気温が高く，日照時間が長いことがわかります。
(2) 酒田市は山形県の庄内平野にあり，大きな最上川が流れます。冬の降水量（雪）が多い日本海側の気候で，春は豊富な雪どけ水にめぐまれます。このような地形と気候は，酒田市で大量の水を必要とする米づくりがさかんな理由の1つとなっています。

2 米の生産量が多いのは，北海道や東北地方の各県のほか，新潟県，茨城県，栃木県などです。**資料1**を見ると，これらの道県には広い平野があり，大きな川が流れています。米づくりがさかんな平野は川とセットで覚えておきましょう。石狩平野と石狩川，庄内平野と最上川，仙台平野と北上川，越後平野と信濃川などです。

3 (1) ①Ⓐは稲かり，Ⓑは田植え，Ⓒは田おこしです。②水田の形を広く整えるだけでなく，農道や用水路，排水路も整備しました。用水路や排水路の整備により，米づくりには欠かせない水の管理がしやすくなりました。給水せんと排水せんを開け閉めして，田に水を入れたり，田の水をぬいたりして水の量を調節しています。③農業機械がない時代には，田植えや稲かりなどの作業は，大勢の人が集まって共同で行っていました。トラクターやコンバインは値段が高いので，農家で話し合って共同で購入・保管している地域もあります。
(2) Ⓓはドローンを使って農薬をまいている様子です。米づくりには，代かきや中干し，たい肥やじょ草ざいをまいたり，なえを育てたりするさまざまな仕事があります。

思考力トレーニング ㋐からは地域の田の多さ・広さがわかり，㋑からは地域の気候が米づくりに適しているかがわかりますが，㋒からは米づくりがさかんかどうかはわかりません。

7 野菜づくりとくだものづくり

標準レベル＋ 32～35ページ

1 ①北海道 ②近郊農業
③大規模 ④輪作

2 ①あたたかい ②ビニールハウス
③少ない

3

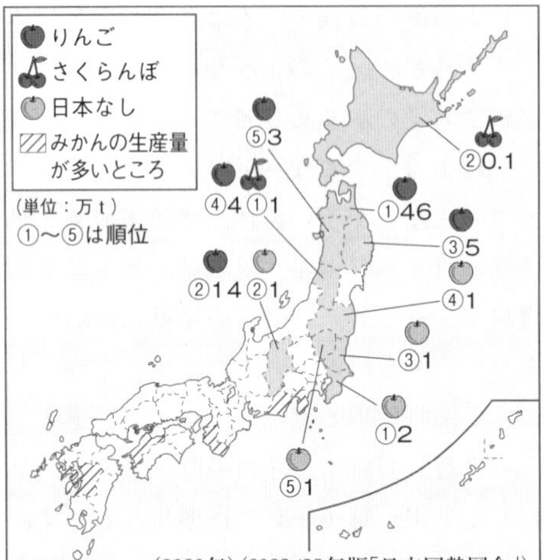
りんご
さくらんぼ
日本なし
みかんの生産量が多いところ
(単位：万ｔ)
①～⑤は順位
⑤3
②0.1
④4 ①1
①46
③5
②14 ②1
④1
③1
①2
⑤1
(2020年)(2022/23年版「日本国勢図会」)

①すずしい ②あたたかい
③しゃ面 ④ジャム

4 ①重ならない ②枝

ポイント 地域の地形や気候に合わせた野菜づくりが日本各地で行われています。くだものづくりは，降水量が少なく，水はけがよいところでさかんです。

ハイレベル＋＋ 36～37ページ

1 (1)①千葉県 ②北海道
③熊本県 ④茨城県
(2)[例]大都市に近く，新鮮な野菜を出荷することができるから。
(3)①夏 ②抑制さいばい
(4)①ビニールハウス ②㋐，㋓

2 (1)Ⓐ㋑ Ⓑ㋒ Ⓒ㋓ Ⓓ㋐
(2)[例]日当たりがよいから。

思考力トレーニング [例]ほかの産地からの出荷が少なく，なすが高い値段で売れる。

考え方

1 (2) 「大都市に近いため，輸送費が安くすむから。」でも正解です。大都市の近くでさかんな，大都市の消費者向けに野菜や花などをつくる農業を近郊農業といいます。

(3) ①とくに6～9月にかけて，長野県からの入荷量が多くなっていることがわかります。②長野県の八ケ岳山ろくの野辺山原や群馬県の浅間山山ろくの嬬恋村などで野菜の抑制さいばいがさかんです。夏でもすずしい高原の気候をいかしてつくられるレタスやキャベツ，はくさいなどの野菜を高原野菜といいます。

(4) ①②宮崎平野では，冬でもあたたかい気候をいかして，ビニールハウスなどの施設を使い，ピーマンやきゅうりなどの野菜を，ほかの産地よりも早い時期にさいばいし，出荷しています。冬でもあたたかい気候のため，ビニールハウスなどの暖房費が安くすみます。

2 (1) ぶどうとももは，ともに山梨県が日本一の生産量をほこります。とくに甲府盆地が一大産地となっています。ぶどうは第2位が長野県，ももは第2位が福島県です。りんごの生産量は青森県が日本一で，全国の生産量の約60％をしめています。また，りんごはおもにすずしい地域，みかんはおもにあたたかい地域で生産がさかんです。

(2) 和歌山県では，水はけがよい，南向きの山のしゃ面でみかんがつくられています。作業を少しでも楽にするため，収穫したみかんをモノレールで運ぶなどのくふうをしています。

思考力トレーニング 市場では，入荷量(出荷量)が少ないほど，値段は高くなる傾向があります。なすは初夏から秋がしゅんの野菜です。**資料1**を見ると，6～9月ごろは群馬県や栃木県をはじめ，高知県以外の都道府県からの入荷量が増えているのに対して，11～4月ごろは高知県からの入荷量が全体の多くをしめています。高知県では，冬でもあたたかい気候をいかし，出荷時期を早めるくふうをして野菜を育てる促成さいばいがさかんです。

8 水産業と畜産業

標準レベル+ 　　38〜41ページ

1 ①減っている　②太平洋側
③親潮〔千島海流〕　④大陸だな

2 ①養しょく　②さいばい漁業

3

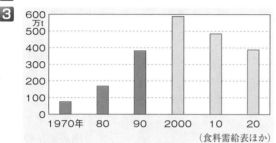

（食料需給表ほか）

①遠洋漁業　②沖合漁業
③沿岸漁業　④増えている
⑤減っている　⑥わかい人

4 ①鹿児島県　②増えている
③輸入

ポイント 日本のまわりには好漁場が広がり水産業がさかんですが，各国の200海里水域の設定や魚のとりすぎなどにより生産量が減少しています。畜産業には牧草を育てる広い土地が必要で，北海道の根釧台地や，シラス台地が広がる九州南部の鹿児島県や宮崎県などでさかんです。

ハイレベル++ 　　42〜43ページ

❶ (1)さんま⑦　養しょくのぶり⑦
(2)例計画的に出荷することができるため，収入が安定する。

❷ (1)①種類…遠洋漁業　記号…Ⓑ
②種類…沖合漁業　記号…Ⓐ
③種類…沿岸漁業　記号…Ⓒ
(2)例各国が200海里水域を設定して，他国の漁業を制限したから。

❸ (1)①北海道　②北海道
③鹿児島県　④宮崎県
(2)Ⓐ根釧台地　Ⓑシラス台地

(3)⑦

💡**思考力トレーニング** 例漁師が山に植林するのはなぜですか。

考え方

❶ (1) とる漁業は，海水温などの環境が変わることで，年によって魚のとれる場所や量が大きく変化します。また，日本からはなれた海で行う外国船の漁が，日本近海での漁にえいきょうをおよぼすこともあります。

(2) 計画的に出荷できる長所があるいっぽうで，えさ代が高いことや，赤潮による被害などが養しょくの課題です。赤潮とは，プランクトンの異常発生により海面が赤く見える現象で，水中の酸素が不足してしまい，多くの魚や貝が死ぬことがあります。

❷ (1) ①遠洋漁業は各国が200海里水域を設定したことなどにより1970年代から生産量が大きく減りました。現在生産量が最も少ないⒷのグラフがあてはまります。②沖合漁業は1990年前後から生産量が大きく減ったものの，現在も生産量が最も多いⒶのグラフがあてはまります。③沿岸漁業は生産量が少しずつ減っているⒸのグラフがあてはまります。Ⓓは海面養しょくの生産量を示すグラフです。

(2) 沿岸から200海里（約370km）の水域内では，水産資源や鉱産資源は沿岸国のものとなります。

❸ (1)(2) 北海道，鹿児島県，宮崎県は全国の中でもとくに畜産業の生産額が多い道県です。卵用にわとりは，茨城県や千葉県などでも飼育がさかんです。

(3) 日本の畜産農家は，安い外国産の畜産物に対抗するためにブランド化を進め，値段は高くても高品質でおいしいものを生産しています。松阪牛や近江牛，かごしま黒ぶたなどが有名です。

💡**思考力トレーニング** 山に森林が増えると土の栄養分が増えて，その栄養分が川を通じて海に流れこみます。すると魚や貝のえさとなるプランクトンが育まれ，魚がたくさんとれるようになります。

9 日本の食料生産

標準レベル+ 44〜45ページ

1

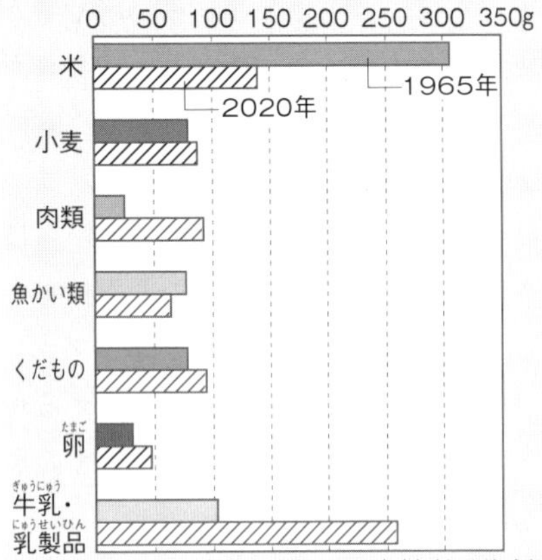

0 50 100 150 200 250 300 350g
米
2020年
1965年
小麦
肉類
魚かい類
くだもの
卵
牛乳・
乳製品

(一人1日あたり)(食料需給表)

①米　②肉類
③輸入量　④自給率

2 ①個体識別　②直売所
③輸出〔輸出額〕

ポイント 日本では洋食を食べる機会が増えて食生活が変化し，食料の輸入が大きく増えました。日本は食料自給率が低い国で，自給率を上げるために地産地消などの取り組みが進められています。

ハイレベル++ 46〜47ページ

1 (1)①畜産物　②米
(2)①小麦　②米
(3)①洋　②小麦　③牛乳・乳製品
(4)㋑
(5)[例]トレーサビリティのシステムを導入して，産地や生産方法がわかるようにしている。

2 (1)[例]国内で消費する食料のうち，国内で生産する食料の割合。
(2)①米　②大豆　③肉類〔牛乳・乳製品〕
(3)[例]地域でとれた農水産物をその地域で消費すること。

思考力トレーニング 買い物に行く前に気をつけること…[例]冷蔵庫などにある食料を確認しておく。買い物のときに気をつけること…[例]食べられる分だけを買うようにする。

考え方

1 (1) 1960年度と2020年度のグラフをくらべると，畜産物は14.1%，油脂類は10.8%，小麦は2.3%増えています。いっぽうで，米は27.3%，魚かい類は0.1%減っています。
(2) いずれの食料も1960年にくらべて輸入量が大きく増えていることがわかります。
(3) 肉類や牛乳・乳製品の輸入量が大きく増えたことで，それらの食料の自給率は低くなってきています。
(4) ㋑外国産の食料は一般的に値段が安く，輸入が増えたことで国産の食料との競争がはげしくなっています。㋒生産地から消費地まで食料を運ぶときにかかるエネルギーの量を表す数をフードマイレージといい，「食料の重さ×輸送きょり」で求めます。フードマイレージが高いと，それだけ輸送に多くの燃料が使われていたり，二酸化炭素などが大量に排出されていたりすることを示しています。
(5) 「スーパーマーケットで生産者の顔写真を表示している。」などの具体例でも正解です。

2 (1) 日本は世界の中でも食料自給率が低い国です。
(2) ③家畜のえさとなる飼料も輸入にたよっているため，肉類や牛乳・乳製品の自給率は，実際はもっと低いといわれます。
(3) 地域でとれた野菜やくだもの，魚などが地域の直売所などで売られています。

思考力トレーニング 買い物に行く前に，冷蔵庫などにある食料をメモしておいたり，写真にとったりしておくとよいでしょう。

特集 地域のごはんを食べてみよう 48〜49ページ

★ ①いぶりがっこ　②おやき
③ふなずし　④からしれんこん
⑤ゴーヤーチャンプルー

社会のヒトコト
郷土料理には，その地域で昔からとれた農産物や水産物，畜産物などが材料に使われています。

10 工業の種類と日本の工業

標準レベル＋　50～51ページ

1 太平洋ベルトの位置　Ⓒ
①中京工業地帯　②阪神工業地帯
③機械工業　④化学工業

2 ①冷蔵庫　②はさみ
③薬　④カップめん
⑤ズボン　⑥焼き物

ポイント 日本のおもな工業地帯・地域は，関東地方南部から九州北部にかけての太平洋ベルトに集中しています。日本の工業は機械工業が中心で，中小工場が多いのが特色です。

ハイレベル＋＋　52～53ページ

1 (1)①京葉工業地域・㋗
②瀬戸内工業地域・㋓
③中京工業地帯・㋑
(2)[例]原料や燃料の輸入，工業製品の輸送に便利だから。

2 (1)金属工業　(2)食料品工業
(3)機械工業　(4)化学工業
(5)せんい工業

3 (1)約20倍
(2)①せんい工業　②機械工業
(3)[例]大工場は設備が充実していて，効率よく生産しているから。

思考力トレーニング [例]内陸部にもたくさん分布している。

考え方

1 (1)　①京葉工業地域は，東京湾岸の千葉県側に広がる工業地域です。石油化学コンビナートがあり，化学工業がさかんです。　②瀬戸内工業地域は，昔塩をつくっていた塩田のあと地などを利用して形成されました。石油化学コンビナートや製鉄所があります。　③中京工業地帯は愛知県の名古屋市を中心とする地域に形成された工業地帯です。世界的な自動車メーカーの本社がある愛知県の豊田市を中心に自動車工業がとくにさかんです。

(2)　原料や燃料となる石油や石炭などの多くが外国から船で運ばれてきます。

2 機械工業・金属工業・化学工業を合わせて重化学工業というのに対して，おもに日常生活で使うような製品をつくる食料品工業・せんい工業・その他の工業を合わせて軽工業といいます。

3 (1)　1960年の工業生産額が約16兆円，2019年の工業生産額が約325兆円なので，325÷16＝20.3…で約20倍となります。

(2)　日本の工業は，かつてはせんい工業などの軽工業が中心でしたが，その後機械工業などの重化学工業が発達し，現在は機械工業が全体の半分近くをしめています。

(3)　**資料2**を見ると，日本の工場のほとんどは中小工場で，働く人の数も中小工場のほうが多くなっていますが，生産額では大工場のほうが多くなっていることがわかります。これは一般的に大工場が設備を整え，人手をかけずに効率よく大量生産しているからです。また，中小工場が生産している製品の値段が安いことも理由の1つです。中小工場には，大工場から注文を受けて部品などをつくっている工場が多いですが，中にはすぐれた技術をもち，世界の会社から注文を受けている工場もあります。

思考力トレーニング 鉄をつくるのに必要な鉄鉱石や石炭のほとんどは外国から輸入されています。そのため，製鉄所は海ぞいに立地しています。IC(集積回路)などの半導体は，パソコンや携帯電話などのさまざまな製品に欠かせないものです。小さくてかさばらず高価なので，高速道路や航空機を使って運んでも利益が出ます。そのため，IC工場は内陸の高速道路ぞいや空港の近くに立地しています。近年，高速道路の整備が進んだことで，内陸部に工業団地が進出し，工業地域は海ぞいだけでなく内陸部にも広がりました。

11 自動車工業・製鉄業・石油化学工業

標準レベル+　　54〜57ページ

1 ①プレス　　②ようせつ
　　③とそう　　④組み立て
　　⑤休憩（きゅうけい）　　⑥交代
2 ①アジア　　②現地の人（げんち）
3

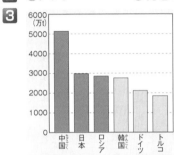

6000（万t）

中国（ちゅうごく）・日本・ロシア・韓国（かんこく）・ドイツ・トルコ

（2020年）（「日本国勢図会」2022/23年版）

　　①海ぞい　　②中国（ちゅうごく）
　　③燃料（ねんりょう）　　④海ぞい
4 ①内陸部　　②高速道路

ポイント　自動車工業では，組み立て工場と関連工場が協力して，効率（こうりつ）よく自動車を生産しています。製鉄所（せいてつ）や石油工場（製油所）は海ぞいに多くあり，IC（アイシー）工場は内陸部の高速道路ぞいにも進出しています。

ハイレベル++　　58〜59ページ

❶ (1)①ア　②ウ　③イ
　　(2)①コンベヤー〔ベルトコンベヤー〕
　　　②組み立てライン〔ライン〕
　　(3)例部品の在庫（ざいこ）をもたなくてもよくなり，保管（ほかん）にかかる費用（ひよう）を減（へ）らせる。
❷ (1)©
　　(2)ウ
❸ (1)①資料1…製鉄所（せいてつ）
　　　　資料2…石油工場〔製油所〕（せいゆ）
　　　②Ⓐ鉄鉱石（てっこうせき）　Ⓑ石炭　©石油〔原油〕
　　(2)例世界の半導体（はんどうたい）の生産額（がく）は増（ふ）えているが，日本メーカーの半導体（はんどうたい）の生産額（がく）はのびなやんでいる。

💡思考力トレーニング　例二酸化炭素（にさんかたんそ）を排出（はいしゅつ）せず水だけを排出（はいしゅつ）するので，環境（かんきょう）にやさしい。

考え方

❶ (1)　プレスやようせつなどの作業では，ロボットや機械が活やくしていて，大きな部品や重い部品を運んだり取りつけたりしています。
　　(2)　自動車によって取りつける部品の種類や数がちがうので，指示（しじ）ビラをしっかり確認（かくにん）してまちがいがないようにします。
　　(3)　「部品の在庫（ざいこ）をもたなくてもよくなり，工場の土地を有効（ゆうこう）に使える。」などでも正解。しかし，関連工場から部品がとどかなくなると自動車を組み立てられません。2011年の東日本大震災（だいしんさい）では，東北地方の関連工場が被害（ひがい）を受けたことで部品が出荷（しゅっか）できなくなり，東北地方からはなれた地域（ちいき）の自動車工場でも自動車が生産できない状態（じょうたい）になりました。

❷ (1)　1990年代からどんどん増加（ぞうか）し，近年は国内生産や輸出（ゆしゅつ）を上回っている©のグラフがあてはまります。Ⓐが国内生産，Ⓑが輸出です。
　　(2)　海外の工場は，日本の工場から技術（ぎじゅつ）に関する指導（しどう）を受けていて，高い品質（ひんしつ）を保（たも）って自動車を生産できるようになっています。

❸ (1)　②鉄をつくるときの原料になる鉄鉱石（てっこうせき）や石炭，石油製品をつくるときの原料になる石油は，ほとんどを外国からの輸入にたよっています。製鉄所（せいてつ）や石油工場（製油所）は，原料の輸入や製品の輸送に便利な海ぞいに立地しています。
　　(2)　日本では九州地方などにIC（集積回路）の工場が多くあり，高速道路や空港の近くに立地（はんち）しています。半導体（はんどうたい）産業がさかんな九州は，「シリコンアイランド」とも呼（よ）ばれます。

💡思考力トレーニング　燃料（ねんりょう）電池自動車は車のタンクにためておいた水素と，空気中から取りこんだ酸素（さんそ）を化学反応（はんのう）させ，発生した電気でモーターを動かすことで走ります。燃料電池自動車のほかにも，バッテリーに充電（じゅうでん）しておいた電気でモーターを回し，走っているときは二酸化炭素を排出（はいしゅつ）しない電気自動車もふきゅうしています。

12 食料品工業，紙・パルプ工業，伝統工業

標準レベル＋ 60～61ページ

1

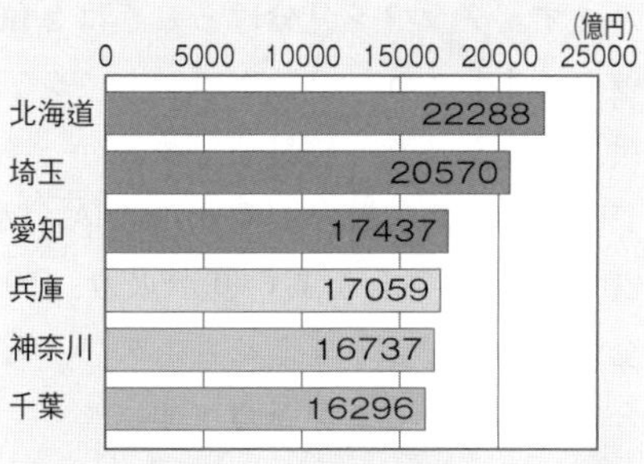
(億円)
0 5000 10000 15000 20000 25000
北海道 22288
埼玉 20570
愛知 17437
兵庫 17059
神奈川 16737
千葉 16296

(2019年)(「データでみる県勢」2022年版)

①肉類　②北海道

③静岡県

2 ①京友禅　②備前焼

③輪島塗　④越前和紙

ポイント 食料品工業は，農業や水産業がとてもさかんな北海道のほか，食料の大消費地である大都市のまわりでさかんです。紙・パルプ工業は，森林資源が豊富な静岡県や北海道などでさかんです。伝統的工芸品には，おもに日常生活で使われていることや手づくりであること，伝統的な原料や材料が用いられていることなどの指定条件があります。

ハイレベル＋＋ 62～63ページ

1 (1)Ⓐ㋐　Ⓑ㋑

(2)①㋓　②㋑

2 (1)㋐

(2)㋒

3 (1)①Ⓐ㋒　Ⓑ㋐　Ⓒ㋑　Ⓓ㋓

②[例]冬は雪が多く農業ができないため，冬の間の農家の副業として発展した。

(2)㋓

思考力トレーニング 南部鉄器

考え方

1 (1) しょうゆやみそは大豆，パンは小麦が原料となっています。魚などの水産物を原材料に，かまぼこやかんづめ，かつお節などの水産加工品をつくる工場は，漁港の近くに多くつくられています。

(2) ①北海道は広い耕地をいかして大規模な農業が行われていて，農業生産額は日本一です。また，釧路港や紋別港などに多くの魚かい類が水あげされ，漁業生産量も日本一です。

②北海道は乳牛の飼育数が日本一で，乳をとり，牛乳やチーズ，バターなどを生産する酪農がさかんです。㋐の焼きのりと㋒のめんたいこは水産業，㋓のうどんは農業で生産されたものを加工した製品です。

2 (1) 紙・パルプ工業は，森林資源が豊富な都道府県で発展しています。静岡県の富士市，北海道の苫小牧市や釧路市などで紙・パルプ工業がさかんです。

(2) パルプの原料として使われる木材チップは，輸入にたよっています。

3 (1) ①Ⓐは石川県の輪島市で生産されている輪島塗，Ⓑは新潟県の燕市で生産されている金属洋食器，Ⓒは富山県の高岡市で生産されている高岡銅器，Ⓓは福井県の鯖江市で生産されているめがねわく(フレーム)です。②北陸地方と同じく冬に雪が多いために農業ができない東北地方でも，冬の農家の副業として伝統工業が発展しました。

(2) 写真は，宮城県の大崎市などで生産されている宮城伝統こけし，青森県の弘前市などで生産されている津軽塗，秋田県の大館市などで生産されている大館曲げわっぱで，いずれも木材が使われています。

思考力トレーニング 南部鉄器は，岩手県の盛岡市などで生産されている伝統的工芸品です。岩手県では，鉄器の原材料となる鉄やすな，粘土，うるしなどがたくさんとれたため，鉄器づくりがさかんになりました。近年は，内がまに南部鉄器が使われた炊飯器が開発され，人気となりました。丸亀うちわは香川県の丸亀市，備前焼は岡山県の備前市，小千谷ちぢみは新潟県の小千谷市などで生産されている伝統的工芸品です。

13 日本の資源・エネルギー

標準レベル+ 64～65ページ

1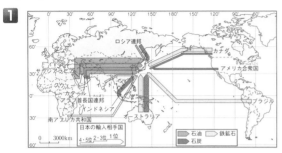

①西アジア　　②オーストラリア

2 ①火力　　　②水力

③原子力　　④風力

⑤太陽光　　⑥地熱

ポイント 日本は資源がとぼしく，石油や石炭，鉄鉱石などの資源を外国からの輸入にたよっています。日本の発電の中心となっているのは火力発電で，風力や太陽光，地熱などの再生可能エネルギーを利用した発電を増やすことを目標としています。

ハイレベル++ 66～67ページ

1 (1)エ　(2)Ａウ　Ｂア　Ｃイ

2 (1)火力Ｂ　水力Ａ　原子力Ｃ

(2)火力発電所ウ　水力発電所イ

　原子力発電所ア

(3)例事故が起きると大きな被害が出る危険性がある。

3 (1)例何度でも利用することができ，なくなる心配がない。

(2)ⓐア　ⓑウ　ⓒイ

(3)バイオマス発電

思考力トレーニング 例日本が外国から資源を輸入できなくなると，どんな問題が起こりますか。

考え方

1 (1)　西アジアのペルシア（ペルシャ）湾岸は，世界有数の石油の産出地となっています。日本はサウジアラビアやアラブ首長国連邦，ク

ウェートやカタールなどのペルシア湾岸の国から石油をたくさん輸入していて，全体の90％以上を西アジアの国々がしめています。

(2)　石炭と鉄鉱石はどちらもオーストラリアが最大の輸入相手国で，全体の半分以上をしめています。グラフを見分けるときは2位の国を確かめましょう。2位がインドネシアなら石炭，ブラジルなら鉄鉱石です。

2 (1)　1950年に最も割合が高かったⒶが水力，2020年に最も割合が高いⒷが火力，1990年に全体の約4分の1をしめたものの，その後割合を減らしたⒸが原子力です。

(2)　火力発電所は，燃料となる石油や天然ガスの輸入に便利な海ぞいにあります。水力発電所は，ダムをつくることができる川の上流の内陸部に多くあります。原子力発電所は冷却水が得られる海ぞいにあり，福井県の若狭湾沿岸に多くあります。

(3)　「発電にともなって発生する有害な放射性物質をどうやってしょりするかという問題がある。」などでも正解です。2011年の東日本大震災では，福島第一原子力発電所で事故が起こり，大きな被害が出ました。

3 (1)　「二酸化炭素の排出量が少なく，環境への負担が少ない。」などでも正解です。

(2)　風力発電は，風の力で風車を回して発電します。騒音の問題があるため，住宅地からはなれた海ぞいや山間部で，風が強くふく場所に発電所がつくられます。太陽光発電は，太陽電池を使って太陽の光を電力に変えることで発電します。地熱発電は，火山の地下深くの蒸気や熱水を利用して発電します。

(3)　バイオマス発電に用いられる木材や木くずなどの植物は，生長の過程で二酸化炭素を吸収するので，燃やしても計算上は二酸化炭素が増えないと考えられています。

思考力トレーニング グラフから，日本はいずれの資源もほとんどを輸入にたよっていることがわかります。そのため，輸入相手国との関係が悪くなると輸入ができなくなり，資源が足りなくなってしまう可能性があります。

14 輸送と貿易

標準 レベル＋　68〜69ページ

1 ①自動車〔自動車輸送〕　②鉄道〔鉄道輸送〕
　③船〔海上輸送〕　④飛行機〔航空輸送〕

2

成田国際空港
東京港
名古屋港
横浜港 ｜輸出額｜ 輸入額｜
関西国際空港
大阪港

0　5　10　15　20　25　30
兆円
(2020年)(「日本国勢図会」2022/23年版)

①自動車　　②石油

ポイント 全国各地に高速道路が整備されたことなどにより，現在国内輸送では貨物輸送・旅客輸送とも自動車輸送が中心となっています。日本は資源がとぼしく，原料や燃料を輸入して工業製品をつくり，外国に輸出する加工貿易で発展してきましたが，近年は機械類などの工業製品の輸入が増え，加工貿易の形がくずれてきています。

ハイ レベル＋＋　70〜71ページ

❶ (1)①旅客輸送…自動車　貨物輸送…船
　　②旅客輸送…自動車　貨物輸送…自動車
(2)①飛行機　②船　③自動車
(3)東北新幹線，東海道新幹線，山陽新幹線，九州新幹線

❷ (1)エ
(2)例原料や燃料を輸入して工業製品をつくり，外国に輸出する貿易の形。
(3)イ　(4)Aウ　Bイ

思考力トレーニング 例中国自動車道や浜田自動車道が全線開通したことで，県外観光客が増えた。

考え方

❶ (1)　②2019年度の旅客輸送では，自動車につ

いで鉄道，貨物輸送では自動車について船が多くなっています。

(2)　①輸送にかかる費用が高いため，高価で軽いIC（集積回路）やカメラ，鮮度が重要な食料品などが飛行機で運ばれています。　②おもに原油などの資源，自動車や鉄鋼などの重くてかさばるものが船で運ばれ，タンカーやコンテナ船が利用されています。

(3)　新青森駅から東京駅までは東北新幹線，東京駅から新大阪駅までは東海道新幹線，新大阪駅から博多駅までは山陽新幹線，博多駅から鹿児島中央駅までは九州新幹線を利用します。

❷ (1)エ1960年の石油の輸入額は，1.6(兆円)×0.13＝0.208(兆円)。2020年の石油の輸入額は，68(兆円)×0.09＝6.12(兆円)。よって，2020年の石油の輸入額のほうが多いことがわかります。

(3)　日本の最大の貿易相手国は，長年アメリカ合衆国でしたが，近年中国に変わりました。

(4)　A千葉県にある成田国際空港は日本一の貿易額をほこり，半導体等製造装置や集積回路，通信機や医薬品が輸出入されています。　B大消費地に近い東京港は衣類のほか，肉類や魚かい類などの食料の輸入が多くなっています。

思考力トレーニング 中国地方を東西に結ぶ中国自動車道や，南北に結ぶ浜田自動車道などが整備されたことで，自動車での移動が便利になりました。そして，世界遺産に登録された石見銀山遺跡や縁結びの神様として知られる出雲大社などを目当てに多くの県外観光客が島根県を訪れるようになりました。

特集
世界の資源はどこにある？　72〜73ページ

★ ①石油〔原油〕　②石炭　③鉄鉱石

社会のヒトコト

日本でも石炭や銅を産出していましたが，埋蔵量が少ないうえにとるのに費用がかかるようになったことから，安くて高品質の輸入資源にたよるようになりました。

15 情報とくらし

標準 レベル＋　74〜75ページ

1 ①テレビ　②ラジオ
③新聞　④2000
⑤スマートフォン

2 ①住民票　②インターネット
③銀行

ポイント メディア（マスメディア）にはテレビやラジオ，新聞，ざっし，インターネットなどがあり，目的や場面に合わせて使い分けます。近年，情報通信技術（ICT）が急速に発達し，私たちのくらしや産業に役立てられています。

ハイ レベル＋＋　76〜77ページ

❶ (1)①エ　②ウ　③イ　④ア
(2)ア，エ

❷ (1)ICT
(2)お客さん…例ポイントがついて，そのポイントを買い物などに利用できる。
コンビニエンスストア…例ポイントカードに登録されたお客さんの情報やニーズを新しい商品の開発などにいかせる。
(3)例患者の情報をすばやく正確に受け取ることができるので，患者は別の病院でも安心して診察や検査を受けられる。

❸ (1)①メディアリテラシー
②個人情報
(2)例ほかの人の悪口や事実とちがうことを書きこまない。

思考力トレーニング ①例SNSやブログなどを使い，温泉旅館のみ力を動画や写真つきで発信する。　②例外国人向けに温泉旅館をしょうかいする多言語のホームページをつくる。

考え方

❶ (1) ①新聞は切りぬいて保存できたり，持ち運びが楽だったりすることが長所です。　③テ

レビは，動画と音声で最新の情報を伝えられるのが長所です。　④インターネットの掲示板などを使って，質問することができます。

(2) スマートフォンやタブレット型機器の保有率が高くなるいっぽうで，固定電話の保有率は低くなってきています。2021年現在，インターネットを利用するときに用いる機器では，スマートフォン，パソコンについて，タブレット型機器が多くなっています。

❷ (1) コンピューターなどの情報通信機器やインターネットを用いて，大量の情報をしょりしたり，はなれた場所でもすぐに情報をやりとりできるしくみを情報通信技術（ICT）といいます。

(2) ポイントカードには，お客さんの名前や年齢，性別などの個人情報が記録されています。お客さんがポイントカードを使って買い物をすることで，コンビニエンスストアは，どの年齢や性別の人にどんな商品が売れているかなどの情報を手に入れることができ，それを分析して新しい商品の開発や仕入れにいかしています。

(3) 「前の病院で受けた検査の結果をすぐに伝えてもらえる。」「前の病院で受けた検査を，次の病院で受ける必要がなくなる。」などでも正解です。現在は，患者が服用している薬や診察結果，検査画像などの情報を電子カルテで管理している病院や診療所が増えていますが，以前は紙の書類にそれらの情報を記録していました。

❸ (1) ②名前や住所などの個人情報をチャットや掲示板，ブログ，SNSなどに書きこまないように気をつけましょう。

思考力トレーニング 観光業ではたらく人たちは，情報通信技術や情報ネットワークをさまざまな形で活用しています。例えば，旅行会社はお客さんのニーズに合わせたホームページをつくって，そこで旅行商品を販売しています。交通機関でも，さまざまな種類の言語に対応したサービスや，無料でインターネットを利用できるサービスを行っています。

16 自然災害

標準レベル＋ 78〜79ページ

1 ①地震　②4
③津波　④噴火
⑤火山灰　⑥土砂くずれ

2 ①耐震　②防潮堤
③放水路

ポイント 日本は地震や火山の噴火，台風や集中豪雨による洪水や土砂災害などの自然災害が多い国です。そこで，自然災害による被害を防ぐ防災や，被害をできるだけ少なくする減災の取り組みが進められています。

ハイレベル＋＋ 80〜81ページ

1 (1)㋑，㋓
(2)Ⓧ㋐　Ⓨ㋒
(3)[例]大きな津波が発生し，人や建物をおし流す被害が出た。

2 (1)Ⓐ㋒　Ⓑ㋐　Ⓒ㋑
(2)Ⓐ㋓　Ⓑ㋒　Ⓒ㋑

3 (1)①地震　②津波
③大雨・集中豪雨
(2)①ハザードマップ〔防災マップ〕
②[例]自然災害による被害が出そうな地域や被害の程度，避難場所などを知り，防災や減災に役立てる目的。

思考力トレーニング [例]過去に起きた自然災害による被害を知り，人々の防災や減災への意識を高めるため。

考え方

1 (1) 地震は，地球の表面をおおうプレートがぶつかったり，断層がずれたりして発生します。日本はユーラシアプレート，北アメリカプレート，フィリピン海プレート，太平洋プレートの4枚のプレートの境界付近にあります。

(2) Ⓧ阪神・淡路大震災は，1995年1月17日に兵庫県の淡路島の北を震源とした地震により発生し，建物がこわれたり，火事が起きたりして大きな被害が出ました。Ⓨ東日本大震災は2011年3月11日に，東北地方の三陸海岸沖を震源とした地震により発生しました。

(3) 海底を震源とする地震では，津波が発生することがあります。東日本大震災では，東北地方や関東地方の太平洋岸に高い津波がおし寄せ，大きな被害が出ました。

2 (1) Ⓐ地震では，大きなゆれで建物や道路がこわれたり，土砂災害が発生したりすることがあります。Ⓑ大雨や集中豪雨では，川がはんらんしたり，土砂災害が発生したりすることがあります。Ⓒ火山が噴火すると，噴石が飛んできたり，火山灰がふったりして被害が出ることがあります。また，高温の火山ガスや火山灰が流れ下る火砕流が発生することもあります。

(2) ㋐の干害（干ばつ）は，雨がじゅうぶんにふらないことで，農作物がかれたり，生活用水が不足したりする自然災害です。

3 (1) ①地震のゆれで建物がこわれないように耐震工事を行った施設です。②津波や高潮の被害を防ぐために，沿岸部につくられた防潮堤です。ほかにも，津波避難タワーが各地につくられています。③地下につくられた放水路です。大雨や集中豪雨によって川があふれそうになると，この放水路に川の水を取りこんで水量を調整し，川がはんらんしないようにします。

(2) ハザードマップには，自然災害による被害が出そうな地域や被害の程度のほか，避難場所や避難経路が示されています。問題のハザードマップは火山の噴火に関するもので，噴石が飛んでくる可能性のある地域や，火砕流におそわれる可能性のある地域などが示されています。

思考力トレーニング 自然災害伝承碑の地図記号は，記念碑の地図記号に碑文を示すたて線を加えたものです。

17 自然環境とくらし

標準レベル＋ 82～83ページ

1

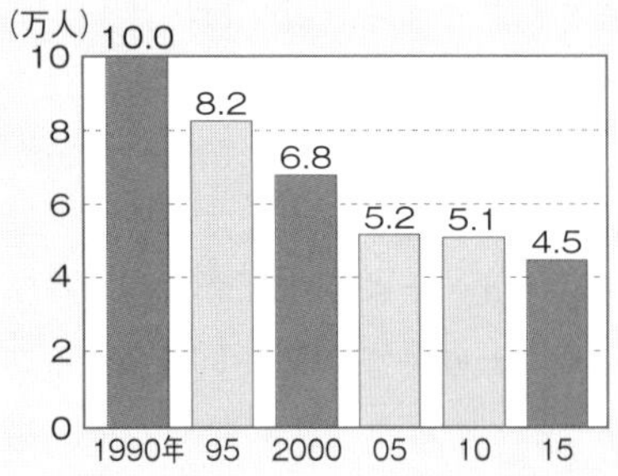
(万人)
10.0
8.2
6.8
5.2
5.1
4.5
10
8
6
4
2
0
1990年
95
2000
05
10
15
(「国勢調査」)

①2　②輸入
③減っている　④植林
⑤下草がり　⑥間ばつ
⑦切り出し

2 ①水俣病　②イタイイタイ病
③四日市ぜんそく　④新潟水俣病
⑤分別　⑥条例

ポイント 日本は国土面積にしめる森林の割合が高い国ですが，世界有数の木材輸入国でもあります。日本では，高度経済成長期に公害が深刻化し，国は法律，県や市は条例を制定するなどして，環境対策を行ってきました。

ハイレベル＋＋ 84～85ページ

1 (1)㋒
(2)天然林…[例]自然の力でできた森林。
人工林…[例]人が植林して育てる森林。
(3)①㋒　②㋐
(4)[例]林業で働く人が減っている。
(5)Ⓐ㋑　Ⓑ㋐
(6)[例]家を強い風から守るはたらき。〔防風林のはたらき。〕

2 (1)①ⓒ　②ⓓ　③ⓑ
(2)㋐，㋒
(3)Ⓐ環境　Ⓑ環境基本

思考力トレーニング [例]木材が生産できなくなる。土砂くずれが起こりやすくなる。川の水がよごれる。動物のすみかがなくなる。森林浴などを楽しめなくなる。など

考え方

1 (1) グラフを見ると，国土面積の66％を森林がしめていることがわかります。

(2) 天然林の中でも，人の手がまったく加わっていないものを原生林といいます。

(3) ㋑は植林について説明しています。

(4) 「働く人の高齢化が進んでいる。」「輸入木材にたよる割合が高い。」などでも正解です。

(5) ㋒は小笠原諸島，㋓は知床について説明しています。どちらも世界自然遺産の登録地です。

(6) 群馬県では，冬に北西から「からっ風」と呼ばれる，かわいた強い風がふきます。強い風から家を守るため，家の北側から西側にかけて防風林をそなえています。この防風林は「屋敷森」とも呼ばれます。

2 (1) ①三重県の四日市市で発生した四日市ぜんそくで，石油化学工場から出たけむりが原因でした。②熊本県や鹿児島県の八代海沿岸で発生した水俣病で，化学工場から出た有機水銀が原因でした。③富山県の神通川下流域で発生したイタイイタイ病で，鉱山から出たカドミウムが原因でした。

(2) 写真は，1960年ごろの北九州市の空と洞海湾で，工場からのけむりで空がおおわれ，海もとてもよごれていることがわかります。人々のくらしや健康に被害が出るようになったため，公害をなくす住民運動が高まり，市は公害防止条例を制定しました。工場も有害な排水を出さない機械や施設を整備し，人々が一体となって環境改善に取り組んだ結果，きれいな空と海がもどってきました。

思考力トレーニング 森林には，雨水をたくわえたり，土をとどめ土砂くずれを防いだりするはたらきがあります。また，きれいな水をつくるほかに，二酸化炭素を吸収して空気をきれいにするはたらきもあります。動物のすみかとしても重要で，人間にとっても森林浴やハイキングなどいこいの場となっています。

18 国際

標準レベル＋ 86～87ページ

1 ①自動車　②漢字
③チマ・チョゴリ　④イスラム教

2 ①安全　②3
③ユニセフ　④自衛隊

ポイント アメリカ合衆国や中国，韓国，サウジアラビアなどは，貿易や文化などの面で日本とつながりが深い国々です。世界では，紛争や難民の増加，地球温暖化などが問題となっていて，それらの問題に国際連合（国連）が中心となり，各国が協力して取り組んでいます。

ハイレベル＋＋ 88～89ページ

1 (1)アメリカ㋓　中国㋑
韓国㋒　サウジアラビア㋐
(2)アメリカ㋑　中国㋐
韓国㋓　サウジアラビア㋒

2 (1)国際連合憲章〔国連憲章〕
(2)総会
(3)①㋒　②㋑

3 (1)①政府開発援助
②アフリカ
(2)㋐

思考力トレーニング　目標…目標7　できること…[例]見てないテレビは消したり，パソコンを使わないときは電源を切ったり，節電を心がける。 目標…目標11　できること…[例]地域のごみひろいのボランティアに参加する。

考え方

1 (1)　アメリカ合衆国は，ヨーロッパをはじめ，アフリカやアジアなどからもたくさんの移民がやってきて，さまざまな人種・民族がいっしょにくらしています。経済特区の設置などにより，工業が急速に発展した中国は，世界各国に工業製品を輸出し，「世界の工場」と呼ばれるようになりました。儒教では，親や年上の人をよく敬うよう教えています。韓国ではこの儒教の教えが大切にされています。サウジアラビアでは，石油の輸出で得たお金を使って，石油化学工業を発展させたり，かんがい施設や道路を整備したりしてきました。

(2)　輸入額が最も多く，機械類について衣類の割合が高い㋐が中国です。中国について輸入額が多く，機械類のほかに肉類や航空機類の割合が高い㋑がアメリカ合衆国です。原油の割合がほとんどをしめている㋒がサウジアラビアです。残った㋓が韓国です。

2 (1)　国際連合（国連）は，1945年に，国際連合憲章にもとづいて51か国で発足しました。その後加盟国が増え，2022年現在，190をこえる国々が国連に加盟しています。

(2)　総会での投票権は1国1票制で，多数決による議決が原則となっています。

(3)　㋐のアセアンは，東南アジアの国々が結びつきを強めるために結成している組織です。㋓のイーユーは，ヨーロッパ連合です。加盟国内の人・もの・お金の移動が自由になっています。

3 (1)　②アフリカには，経済的に貧しい発展途上国が多くあります。

思考力トレーニング 持続可能な開発目標（SDGs）は，2015年の国連で採択されました。「だれひとり取り残さないこと」を理念として，貧困をなくすことや不平等をなくすことなど17の目標が設定されています。目標7については，「水を出しっぱなしにせず，節水を心がける。」，目標11については，「環境にやさしいものを使う。」などでも正解。

特集 世界の人口を見てみよう 90～91ページ

★ ①中国　②アメリカ合衆国
③ロシア連邦　④インド
⑤オーストラリア　⑥日本

社会のヒトコト
各国の人口を面積で割って人口密度を求めましょう。

思考力育成問題　92〜96ページ

1 (1)アメリカ合衆国…㋘，[例]北アメリカ大陸にあり，太平洋と大西洋に面している。

ブラジル…㋙，[例]南アメリカ大陸にあり，大西洋に面している。

中国…㋕，[例]ユーラシア大陸にあり，太平洋に面している。

オーストラリア…㋗，[例]オーストラリア大陸にあり，太平洋とインド洋に面している。

(2)Ⓐ㋓　Ⓑ㋒

Ⓒ㋑　Ⓓ㋐

(3)[例]自動車会社の海外工場があるタイには，自動車の材料となる鉄鋼がたくさん輸出されていること

2 (1)[例]夏の気温が高く，降水量が多くて，水が豊富に得られること。

(2)①㋒　②㋐　③㋑

(3)[例]夏でもすずしい気候をいかして，ほかの地域からの出荷が少ない夏から秋にキャベツを出荷している。

(4)沖合漁業のグラフ…㋐

遠洋漁業に関する資料…資料B

資料を選んだ理由…[例]各国が200海里水域を設定したえいきょうで，日本の遠洋漁業の生産量が減少したから。

3 (1)A㋑　B㋒　C㋐

(2)㋒

(3)[例]誤った情報も多い

考え方

1 (1)　6つの大陸とは，ユーラシア大陸，アフリカ大陸，北アメリカ大陸，南アメリカ大陸，オーストラリア大陸，南極大陸です。3つの大きな海洋とは，太平洋，大西洋，インド洋です。おもな国の位置を，6つの大陸や3つの大きな海洋の名前を使って説明できるようにしておきましょう。例えば日本は，「ユーラシア大陸の東にあり，太平洋の北西部にある。」と説明できます。

(2)　㋑は輸入額が最も多く，機械類について衣類の割合が高くなっていることから中国とわかります。会話文中の「MADE IN CHINA」とは，その服が中国でつくられたことを示しています。㋑（中国）について輸入額が多い㋓は，航空機類や医薬品などの高度な技術が必要な工業製品が上位にあることから，アメリカ合衆国とわかります。㋐は液化天然ガスや石炭，鉄鉱石などの資源が上位にあることからオーストラリア，㋒は鉄鉱石の割合が高いこととコーヒーが上位にあることからブラジルとわかります。オーストラリアの西部では鉄鉱石，東部では石炭が豊富にとれます。会話文中の地面を直接掘る方法を露天掘りといいます。

(3)　近年は海外に工場をつくり，現地で自動車を生産することが増えています。現地の人の希望に合った自動車を早くとどけられたり，輸送費がかからない分安く販売できたりするほか，その国の産業や地域の経済の発展につながります。

2 (1)　米づくりの1年の仕事の表からもわかるように，米づくりにとって水の管理はとても重要で，たくさんの水が必要になります。最上川下流の庄内平野にある山形県の酒田市は，年間の降水量が多く，春は雪どけ水が豊富で，また夏はひかく的高温になるため米づくりに適しています。オーストラリア大陸は「乾燥大陸」と呼ばれるほど降水量が少ない地域が広く，米づくりには適していません。

(2)　①トラクターやコンバインなどの機械は値段が高く，修理費や燃料費にも多くの費用がかかります。そこで共同で買い，共同で利用することで費用をおさえることができます。②日本人の食生活が変化し，洋食を食べる機会が増えたいっぽうで，米の消費量は減ってきています。

(3)　すずしい気候を利用してほかの地域よりもおそい時期に野菜などをさいばいして出荷する方法を抑制さいばいといいます。キャベツは15〜20℃ぐらいの気温がさいばいに適しているといわれ，浅間山の山ろくにある群馬県の嬬恋村は夏でもすずしく，キャベツのさ

いばいに適しています。ビニールハウスなどを使ってほかの地域よりも早い時期に野菜などをさいばいして出荷する方法は促成(そくせい)さいばいといいます。

(4) 漁業種類別の生産量の変化のグラフにおいて，現在(げんざい)生産量が最も多いものの1990年前後から生産量が大きく減っている㋐が沖合漁業です。**資料C**を見ると，日本近海でとれるいわしの生産量が1990年を境(さかい)に大きく減っていることがわかります。また，かつては生産量が最も多かったものの1970年代から生産量が減り，現在最も少ない㋑が遠洋漁業，生産量が少しずつ減っている㋒が沿岸(えんがん)漁業，残った㋓が海面養しょくの生産量です。**資料A**を見ると，全体の漁業生産量にしめる養しょくの割合はどんどん増えていることがわかります。

[3] (2) ㋐世代別のインターネットの利用状況(じょうきょう)のグラフを見ると，60～69才，70～79才，80才以上のいずれの人たちの間でも2010年から2021年の間に利用率が高くなっていることがわかります。㋒おもな情報(じょうほう)通信機器のふきゅう率のグラフを見ると，2010年代に急速にふきゅうしたのはスマートフォンとタブレットです。パソコンはそれ以前からふきゅうしていることがわかります。

(3) SNS(エスエヌエス)は「Social(ソーシャル) Networking(ネットワーキング) Service(サービス)」の略称(りゃくしょう)で，インターネット上での人と人とのつながりを支(ささ)えるしくみです。SNSからはさまざまな情報を手軽に入手することができますが，中には誤(あやま)った情報もふくまれています。最近はSNSが原因のいじめや個人(こじん)情報の流出なども問題となっています。

しあげのテスト(1) 　巻末折り込み

1 (1)①ⓒ　②Ⓐ　③Ⓑ

(2)①Ⓐ　②Ⓔ　③ⓒ

(3)Ⓧインド洋　Ⓨ太平洋　Ⓩ大西洋

(4)い

(5)く

(6)さ

2 (1)排他的経済〔200海里〕

(2)ⓒ

3 (1)①Ⓐウ　Ⓑイ　ⓒエ　Ⓓア

②イ

③例大きな川が流れ出す，海ぞいに広がっている。

(2)①季節風　②ア　③ウ　④Ⓐ

4 (1)①イ　②ウ　③ア

(2)東北地方

(3)①イ　②ア　③ウ

(4)例土の力がおとろえるのを防ぐため。〔農作物の病気を防ぐため〕。

(5)例養しょくは魚や貝を大きくなるまで人の手で育てるのに対して，さいばい漁業は途中で放流する。

(6)Ⓐウ　Ⓑイ　ⓒア

(7)①例低くなっている。　②ウ，エ

ひらめきトピックス　Ⓐウ，えとろふ　Ⓑイ，さど　ⓒエ，つしま　Ⓓア，おきなわ

考え方

1 (1)①オーストラリア大陸のことです。②ユーラシア大陸のことです。③アフリカ大陸のことです。アフリカの多くの国々を植民地支配したヨーロッパの国々は，緯線や経線にそって境界線を引きました。そのなごりが現在の国境線にも見られます。

(2)①ユーラシア大陸にある中国の国旗です。②北アメリカ大陸にあるアメリカ合衆国の国旗です。③オーストラリア大陸にあるオーストラリアの国旗です。

(4)経度0度の本初子午線は，イギリスのロンドンにある旧グリニッジ天文台を通ります。

(5)緯度0度の赤道は，アフリカ大陸の中央部や南アメリカ大陸の北部を通っています。

(6)地図中の緯線・経線は15度おきに引かれています。

2 (2)護岸工事が行われたのは，日本の南のはしにあたるⓒの沖ノ鳥島です。

3 (1)②Ⓧは東北地方の三陸海岸の南部で，複雑に入り組んだ海岸（リアス海岸）が見られます。アは千葉県の九十九里浜で，砂浜が続いています。

(2)①②季節風は夏は南東から，冬は北西から日本列島にふいてきます。③Ⓓは中央高地の気候，Ⓔは瀬戸内海の気候で，どちらも季節風が山地にさえぎられるため，年降水量が少ないのが特色です。④はっきりとしたつゆが見られないのはⒶの北海道の気候です。

4 (1)②トラクターを使った田おこしです。

(2)Ⓑは中部地方，ⓒは関東地方，Ⓓは九州地方があてはまります。

(3)①みかんはあたたかい気候の地域でさいばいがさかんです。②③ぶどうとももはいずれも山梨県が生産量日本一なので，2位の県で見分けます。2位が長野県ならぶどう，福島県ならももです。

(4)「同じ畑で同じ農作物をつくり続けると，土の力がおとろえるから。」などでも正解です。異なる農作物を順番につくることを輪作といい，北海道の十勝平野などで行われています。

(6)北海道の根釧台地や，鹿児島県と宮崎県に広がるシラス台地では，大規模な畜産業が行われています。

(7)②小麦はパンやうどん，パスタなど，大豆はしょうゆやみそ，とうふなどの原料です。

ひらめきトピックス　Ⓐは択捉島，北海道。北方領土の1つで，日本の北のはしに位置します。Ⓑは佐渡島，新潟県。金山やトキが有名です。ⓒは対馬，長崎県。日本海にうかぶ島で，古くから大陸との貿易がさかんに行われました。Ⓓは沖縄島，沖縄県。

1 (1)①イ　②ク

(2)太平洋ベルト

(3)例高速道路が全国に整備されたから。

2 (1)エ→カ→ウ→イ→オ→ア

(2)例海ぞいに立地している。

(3)ア

(4)①イ　②ア　③ウ

(5)①エ　②イ

(6)例機械類など外国で生産された工業製品の輸入が増えた。

(7)①ウ　②イ

(8)イ

3 (1)①新聞　②ラジオ　③インターネット

(2)例自分に必要な情報を選び活用する力。

4 (1)ウ

(2)緊急地震速報

(3)Aア　Bウ

(4)イ

5 (1)①アメリカ合衆国　②韓国
③中国

(2)例寄付金を集めて、子どもたちを助ける活動を行っている。

ひらめきトピックス　①輪島塗　②薬

考え方

1 (1)　①機械工業の割合が70%近くをしめることから、豊田市の自動車工業を中心に機械工業がさかんな中京工業地帯とわかります。中京工業地帯は愛知県を中心に形成され、工業生産額は日本一です。　②化学工業の割合が高いことから、京葉工業地域とわかります。千葉県の東京湾ぞいに広がる京葉工業地域には石油化学コンビナートが立ち並びます。

(2)　原料・燃料の輸入や、工業製品の輸出に便利なことから、太平洋ベルトで工業が発達しました。

2 (2)　原料や燃料となる石油や石炭、鉄鉱石は外国からの輸入にたよっているため、船で運んでくるのに便利な海ぞいに立地しています。

(3)　みそは大豆が原料で、農業で生産されたも

のを加工した製品です。

(4)　①焼き物(陶磁器)は、ねん土などで形をつくり、焼き上げます。　②和紙は、こうぞなどの木が原料です。　③ぬり物(漆器)は、木で形をつくり、うるしをぬり重ねてつくります。

(5)　①オーストラリアが半分以上をしめること、2位がブラジルであることからエとわかります。　②サウジアラビアやアラブ首長国連邦など、西アジアの国々が上位であることからイとわかります。

(7)　アはコンテナ船、イは自動車専用船、ウはタンカーです。

3 (2)　手に入れた情報の内容が正しいかどうかしっかり確認することも重要です。

4 (1)　噴石が飛んでくる可能性のある地域や、火砕流におそわれる可能性のある地域などが示されています。

(3)　アの下草がりは、木の生長のじゃまをする雑草をかり取る仕事、ウの間ばつは、太陽の光がしっかりとどくように一部の木を切る仕事です。イの枝打ちは、余分な枝を切り落とす仕事です。

(4)　水俣病になった人は手足がしびれ、目や耳が不自由になりました。化学工場から排出された有機水銀が原因でした。アのイタイイタイ病は富山県の神通川下流域、ウの四日市ぜんそくは三重県の四日市市、エの新潟水俣病は新潟県の阿賀野川流域で発生しました。

5 (1)　③中国は日本の最大の貿易相手国です。

(2)　日本も第二次世界大戦が終わってすぐのころに、ユニセフから給食を支援してもらっていました。

ひらめきトピックス　①小千谷ちぢみ(新潟県)、高岡銅器(富山県)、越前和紙(福井県)は北陸地方の伝統的工芸品のグループです。バラバラになったカードのうち、輪島塗(石川県)がこのグループにあてはまります。②洗ざい、重油、ガソリンは化学工業の製品のグループです。バラバラになったカードのうち、薬がこのグループにあてはまります。